유아를 위한

# 영성지향 평화교육 활동

김영주 · 김민서 공저

학지사

# 머리말

영성에 관한 관심이 증가하고 있다. 이른바 '영적인 붐'이라고 하기도 한다. 유아교육 현장에서도 유아의 영성에 주목하기 시작했다. 특히 지금처럼 경쟁적이고, 성취지향적이며, 공동체 의식이 무너지고 있는 사회적 분위기 속에서 유아의 영성에 관한 관심은 반드시 필요하다.

Elkind(1992)는 넓은 의미에서 영성을 정의했다. 영성은 종교적 신념과는 관계없는, 일상의 삶에서 보이는 사랑, 용서, 관용과 같은 인간의 가장 고상한 자질이라고 하였다. 유아를 위한 영성지향 평화교육 활동 역시 영성을 인간이 가지는 가장 고상한 자질로 보고, 그 자질 중 하나를 '평화'라 하였다. 평화란 영성의 한 부분으로 특정 문화와 종교를 초월하여 모든 인간의 내면세계에 잠재해 있는 정신으로, 사랑과 공동체적 삶을 추구하는 것이 특징이다. 평화는 유아의 영성을 계발하기 위해 필요한 가장 기본적인 가치다. 평화가 충족되어야만 유아는 자기를 올바르게 인식하고 잠재력을 계발하며, 관계 안에서 사랑을 발견하고 표현하며, 공동체성을 회복할 수 있다.

이 책은 유아에게 평화를 경험하게 하고, 평화를 실천할 수 있는 영성지향 평화교육 활동을 다루고 있다. 1장에서는 먼저 영성 교육이 무엇인지를 살펴본다. 2장에서는 유치원과 어린이집 같은 유아교육/보육 기관에서 활용할 수 있도록 기존의 유치원 교육과정과 표준 보육과정에 적용할 수 있는 평화교육 관련 내용을 분석하였고, 3장에서는 더 나아가 이 두 과정의 주제와 연계하여 영성지향 평화교육 활동을 제안하였다.

활동을 실행하는 교육적 도구로는 유아에게 평화를 감각적으로 느낄 수 있게 하는 그림책을 선택하였다. 예를 들어, 『새벽』과 같은 그림책을 음악과 함께 보여 주어 평화를 시각적 · 청각적으로 느끼도록 도와주는 방법을 시도했다. 그러고 나서 영성지향 평화교육의 목적을 평화, 조화, 책임감(김정신, 2004)으로 분류하고 그에 맞게 영성지향 평화교육을 실행하였다. 각각의 활동은 총 20가지이며, 실제로 이 활동을 실시하고 나서 유아의 친사회적 행동이 증가하고, 자기조절력이 향상되는 것을 확인할 수 있었다.

이 책을 통하여 유아교육/보육 기관에서 영성에 대한 관심을 가지고, 영성지향 평화교육을 실행해 보기를 바란다. 이후로 영성지향 사랑교육, 감사교육 등을 계속해서 제안하고 싶다. 그러기 위해서 유아교육 현장에서 이 영성지향 평화교육 활동에 대해 거침없는 비판과 함께 생산적인 대안을 제시해 주길 기대한다.

2012년 5월

대표저자 김영주

# 차례

CHAPTER 01

# 유아 영성 교육의 이론적 기초

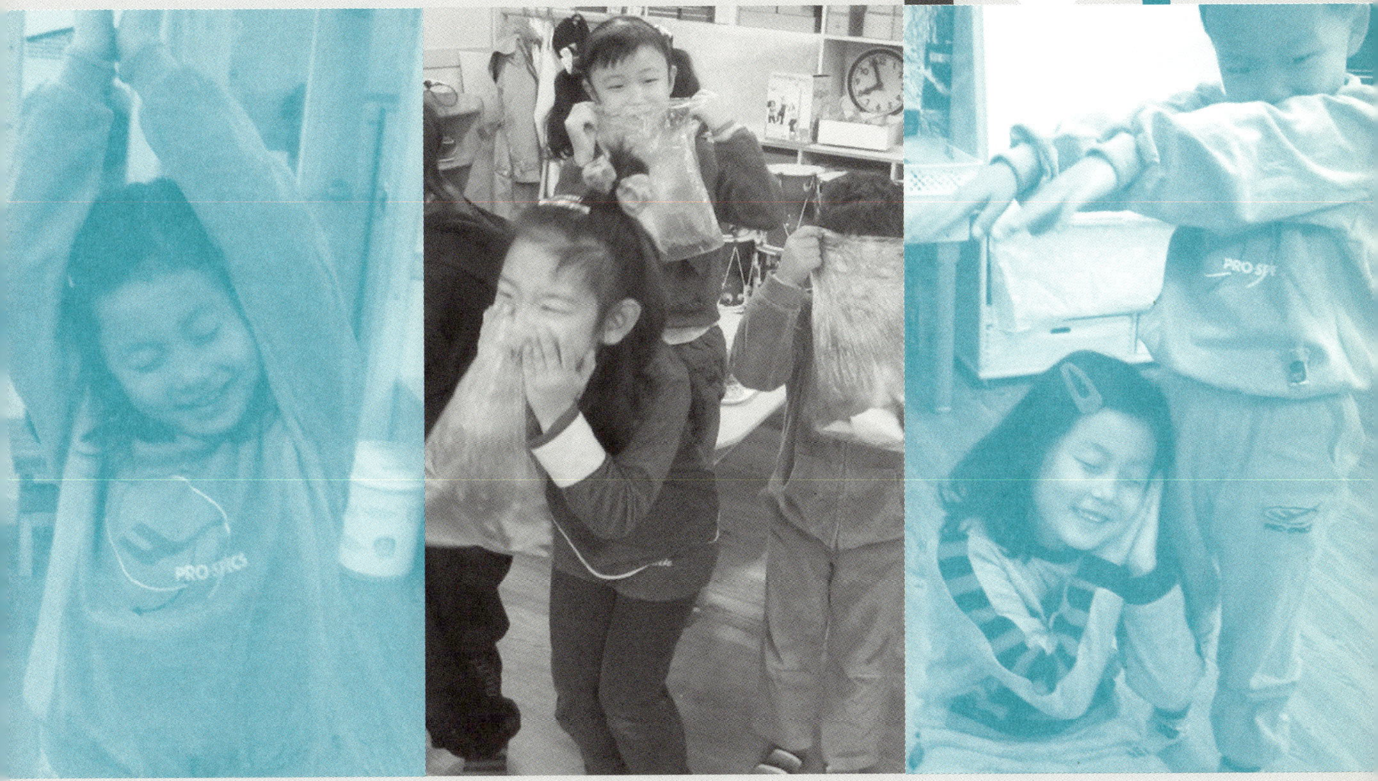

1. 유아 영성 교육의 개념
2. 유아 영성 교육의 목적
3. 유아 영성 교육의 방법
4. 유아 영성 교육을 위한 교사의 역할

# 1. 유아 영성 교육의 개념[1)]

## 1) 유아 영성 교육의 필요성

최근 유아의 영성과 교육에 대한 사회적 관심이 높아지고 있다. 유아교육 분야에 앞서 심리학, 사회학, 간호학, 사회복지학, 교육학, 노인학 등의 분야에서도 영성에 대한 관심이 커졌다.

이는 현대의 물질 중심적 세계관과 그에 따른 인간성의 소외, 경쟁주의에 따른 공동체 의식의 상실, 산업발달과 물질문명에 불가피하게 수반되는 환경 파괴에 대한 반성의 결과라고 볼 수 있다. 또한 영성이 현대 유아교육의 문제점을 해결하기 위한 대안이 될 가능성이 있다고 보기 때문이다.

영성은 개인이 자신의 경험과 의식을 지각하고 삶의 의미를 발견하도록 돕는다. 또한 자신과 타인과의 관계, 더 나아가 자연과 절대자와의 관계를 인식함으로써 공동체성을 회복하게 한다.

영성은 좀 더 넓은 의미로 신념과 가치관을 말한다. Elkind(1992)도 영성은 좁은 의미와 넓은 의미 모두 사용될 수 있다고 하였다. 그는 좁은 의미에서의 영성은 종종 일련의 특정한 종교적 신념을 나타내는 데 사용되고, 넓은 의미에서의 영성은 종교적 신념과는 관계없이 일상의 삶에서 사랑, 용서, 관용과 같은 인간의 가장 고상한 자질에 관한 것이라고 하였다. 종교가 보다 문화적이고 형식적이고 제도적인 것이라면, 영성은 앞서 언급한 바와 같이 신념과 가치관이라고 할 수 있다. Byers(1992)는 종교가 생명, 창조, 삶의 의미와 같은 보편적인 질문에 대한 특정한 대답이라면, 영성은 그 질문에 대한 보편적이면서 일반적인 관심이라고 풀이하였다.

이 책에서 다루고자 하는 영성은 넓은 의미에서 비종파적인 영성이다. 비종파

1) 이 절의 내용은 『아동 영성 발달』(김영주, 2011)의 일부분을 요약 정리한 것임.

적인 영성이란 다문화 영성이라고도 할 수 있다. 다문화 영성은 유신론자(천주교, 개신교, 이슬람교 등을 모두 포함), 무신론자, 불가지론자, 다신론자, 무속신앙 숭배자 등 모든 사람이 자신의 문화적 구성, 사회적 역할, 개인적 특성을 넘어서서 근본적으로 내가 누구인가에 대한 분명한 자각에 이르는 것이다. 또 이러한 자각을 바탕으로 타인과의 관계에서 모든 종교와 법의 기초가 되는 황금률[2)]을 따르는 것이다.

다시 말하면, 다문화 영성은 나와 타인을 같은 존재로 파악하며, 모든 사람이 영적 탐색의 여정에 있음을 아는 것이다. 그 여정에서 서로서로 지원하고 설사 그 방법과 내용에 차이가 있더라도 서로 존중한다. 오히려 그러한 불일치와 차이에서 서로 배우며 향상시키는 기회를 갖기도 한다. 이 책에서 영성 연구의 방향은 다문화 영성을 바탕으로 한다. 즉, 영성은 특정 종교가 아니라 지능과 같이 인간이라면 누구에게나 내재되어 있는 것이며, 이는 교육과 환경에 의해서 계발되거나 지체될 수 있는 것이라고 보는 것이다.

## 2) 유아 영성 교육의 개념

### (1) 유아 영성의 개념

유아교육 분야에서 영성 연구의 필요성을 인식하고 연구를 시작할 때, 맨 처음 해야 할 일은 영성의 개념을 정의하는 것이다. 영성의 현대적인 의미는 다양하다. 많은 학자가 여러 학문적 영역에서 영성에 대해 다양한 정의를 내렸다. 일례로 Canda(1988)는 사회복지적 목적으로 영성을 정의했다. 그는 영성을 어떤 하나의 구성요소(생물적 · 심리적 · 사회적 · 영성적 요소)에 국한되지 않는 인간성의 총체로 보았다. 그는 영성이 사람의 가장 깊은 곳에 있는 부분이며, 개인적 성장과 환경과의 관계를 통하여 표출되고, 사람의 모든 부분을 통합하며, 의미

2) 모든 종교와 법의 기초가 되는 황금률이란 남에게 대접을 받고자 하는 대로 너희도 남을 대접하라는 것이다. 다시 말하면, 모든 사람은 공정한 대우를 받을 권리가 있다는 것, 즉 나는 다른 사람을 공정하게 대할 책임이 있으며, 반대로 나 또한 공정하게 대우받을 권리가 있음을 아는 것이다.

와 목적을 추구한다고 보았다. 또한 모든 존재하는 것들과 관계를 맺으며, 인간의 고통과 소외를 이해하는 방법을 제공하고, 매일의 일상적 부분들을 초월적 부분들과 통합한다고 보았다.

이 책에서는 유아의 영성을 연구하고 교육 현장에 적용하기 위해 영성을 다음과 같이 정의하고자 한다. 첫째, 영성을 인간이 가진 본질적인 특성이라고 보는 것이다. 지능과 마찬가지로 인간이라면 모두 영성을 지니고 있다고 간주하는 것이다. 따라서 유아교육 현장에서도 모든 유아를 영성을 지닌 존재로 본다. 둘째, 영성을 통합성으로 보는 것이다. 여기서 통합이란 유아의 신체, 인지, 정서, 사회성, 영성의 통합이자, 개인적인 삶과 공동체적 삶의 통합, 영적인 삶과 일상적인 삶의 통합을 뜻한다. 이는 유아교육 방법에서 중요한 전제가 된다. 셋째는 영성을 관계성으로서 파악하는 것이다. 관계성이란 신적인 존재나 절대자와의 수직적 관계뿐만 아니라 타인과의 수평적 관계를 포함한다. 영성을 관계성으로 파악하는 것은 유아 영성 교육의 내용에 유용한 자원이 될 것이다. 넷째는 영성을 인간의 심리적 기능으로 보는 것이다. 심리적 기능이란 지성, 상상력, 감정, 요구, 의지를 포괄하는 것으로, 특히 Vaillant(2008)가 언급한 바와 같이 인간이라면 가지는 긍정적인 감정의 혼합체를 영성의 범주 안에 포함시킨다.

### (2) 유아 영성 교육의 개념

유아교육에서 영성을 고려하는 것은 전혀 새로운 움직임이 아니다. 유아교육의 창시자로 알려진 Fröebel은 교육이란 바로 신적인 통일성을 구현하는 것이라고 하였다. Montessori는 어린이들의 내면에 진정한 영성이 잠재해 있으며, 아동에게 내재해 있는 영성이 차단되는 경우는 아동이 폭력과 그로 인한 위축, 이기심, 다른 사람에 대한 경시 속에 처해 있을 때라고 설명했다. 그는 더 나아가 어린이가 가진 특별한 영성을 적절한 환경 속에서 양육하지 않으면 서서히 희미해져서 발달하지 못한다고 했다(Wolf, 1996). 또한 White(1962)는 아동이 경이감과 기쁨을 느끼자마자 시작되는 형식적인 교육의 장은 불행하게도 유아의 영성을 억압하고, 유아를 세상의 혼란과 산만함 속으로 밀어 넣어 그들이 받은 은총을 점차 약하게 만든다고 했다.

올바른 영성 교육은 Writings(1998)가 언급한 바와 같이 아동의 행복을 위한 토대가 되는 것으로서, 아동이 새로운 인간이 되는 것에 목표를 두고, 인간에게 나타나는 가장 높은 수준의 영적 가능성을 이끌어 내는 것이다(김정신, 2004 재인용). Elkind(1992)도 영성 교육에 대해 언급하기를, 광의의 영성은 일상의 삶에서 사랑 · 용서 · 관용과 같은 인간의 가장 고상한 자질의 모범을 보여 주는 것이며, 이는 교육적 수단을 통해 양성될 수 있는 것이라고 보았다. Gromme(1998)도 영성과 종교가 동의어는 아니지만 밀접한 관계가 있다고 보았다. 그는 종립(宗立)학교 교사들과 신앙적인 부모, 심지어는 비종교적인 공교육 교사들마저도 학습자들의 영적인 욕구를 채울 수 있는 다양한 방법과 내용을 알고 있다고 하였다. 즉, 자연의 아름다움, 창조적인 인간 문화 등을 학습자들이 감상하고 즐길 수 있도록 도와주는 것이 영성 교육에 필요하다는 것이다. Grainger(2003)도 자기인식이 발달하려면 어떤 경이롭고 초월적인 감정을 느낄 기회가 필요하다고 보고했는데, 바로 이 기회가 영성 교육이라고 볼 수 있다.

유아의 영성을 올바르게 이해하고 키워 주는 영성 교육은, 유아가 사랑 · 용서 · 관용과 같은 인간의 가장 고상한 자질을 기를 수 있도록 돕는 한편, 유아가 자연의 아름다움을 느끼고 창조적인 인간 문화를 이룰 수 있도록 지원한다. 더 나아가서는 자신을 올바르게 인식하고 초월적인 감정을 느끼게 한다.

### (3) 유아 영성 교육의 전제조건

유아 영성 교육에 대한 본격적인 논의에 앞서 유아 영성 교육의 몇 가지 전제조건을 살펴보고자 한다. 유아 영성 교육의 중요한 첫 번째 전제조건은 영성이란 인간이 가지는 본성적이고 보편적 능력이며, 유아는 선천적으로 이 능력을 가지고 태어난다는 것을 인정하는 것이다. 이는 Nye와 Hay(2006)의 연구에서 인간의 영성은 생물학적으로 보편적인 것이라고 결론을 내린 것과 같은 맥락이다. 나이와 헤이는 동물학자 Hardy가 '종교적 경험'은 개인의 생존적 가치이기 때문에 자연선택의 과정을 거쳐 진화된 것[3]이라고 주장한 것을 인용하면서, Hardy

(1979)가 언급한 '종교적 경험'이란 바로 '영적 의식(spiritual awareness)' 이라고 보았다.

유아 영성 교육의 두 번째 전제조건은 유아의 영성이 몸과 마음(정신, 인지, 정서적 기능)의 조화 속에서 이루어진다는 것을 이해하는 것이다. 유아 영성 교육은 인지 중심의 교육과 달리 인간에 대한 전인적이고 심층적인 이해를 바탕으로 하므로, 몸 · 마음 · 영성의 세 가지 측면을 모두 고려하여 이루어진다. 이러한 전제를 바탕으로 몸 · 마음 · 영성의 상관관계를 증명하는 연구들이 많이 이루어져 왔다. 이들 연구에서는 심혈관 질환, 급 · 만성 통증, 소화기계 질환 등의 원인으로 마음을 꼽아 왔으며 개인의 인식 체계와 믿음의 정도에 따라 차이가 있지만 다양한 명상법이나 종교, 철학 체계, 수행 방법이 치유에 도움이 된다(이은경 외, 2010)고 하였다. 발도르프 교육에서 인간의 발달 과정을 영적인 것이 점차 몸으로 나타나는 육화의 과정으로 보는 것도, 몸 · 마음 · 영성이 서로 관련되어 있으며 이 세 가지를 조화롭게 고려해야 한다는 유아 영성 교육의 전제조건과 같은 맥락이다. 이러한 두 번째 전제조건을 바탕으로 유아 영성 교육은 몸 · 마음 · 영성을 모두 고려하여 이루어져야 한다.

세 번째 전제조건은 유아 영성 교육이 유아 자신과 유아를 둘러싼 타인, 자연, 초월적 존재와의 관계를 통해 드러나야 한다는 것이다. 따라서 유아 영성 교육의 내용은 유아를 둘러싼 사회적 환경(가족, 또래, 교사, 공동체 등)과의 관계와 자연적 환경(식물, 동물, 자연 환경 등)과의 관계를 포함해야 한다. 더 나아가 유아와 신성과의 관계에서 드러나는 경외, 숭상, 직관 등을 다룰 수 있다.

---

3) 신과 종교를 믿는 것은 진화론적으로 생존에 유리하다. 인간은 혼자서 생존하기 어렵기 때문에 자신을 둘러싼 자연과 사회를 움직이는 어떤 외적인 힘을 의식하고 그것에 의존하게 된다. 그 외적인 힘에 의지하여 공포와 두려움을 해소하고, 타인과 협동하여 생존에 위협이 되는 요소를 제거해 나감으로써 생존에 있어 보다 유리한 위치에 설 수 있다.

### (4) 유아 영성 교육의 기본 원칙

이러한 전제조건을 바탕으로 유아 영성 교육의 기본 원칙을 제안할 수 있다. 이 책에서는 영성 교육의 기본 원칙으로 김정신(2004)이 제시한 영성 교육을 위한 기본 원칙을 일부 수정하여 다음과 같이 정리하였다.

첫째, 영성은 모든 유아에게 보편적으로 내재되어 있는 것이므로 유아 영성 교육은 특정 종교에 국한되는 종파교육이 아니어야 한다. 종파교육이 아니라 인간의 본질적인 특성으로 유아의 영성을 파악할 때 인간과 어떤 신비롭고 거대한 힘과의 연결성, 즉 누미누스(numinous) 경험들을 다룰 수 있기 때문이다. 이처럼 유아교육 및 상담에서 유아의 영성을 다루는 것은 종교적 행위가 아니라 존재의 전체성을 확인하는 것이다.

둘째, 영성은 다양한 교육과정이나 교수-학습 전략을 통하여 성장하고 육성할 수 있다. 내적인 삶을 위한 교육과정, 예술교육, 지구교육, 지역사회 프로젝트에 참여하는 자원봉사 교육 등이 유아의 영성을 성장시키고 육성하는 교육이다.

셋째, 영성 교육에서 교사의 주된 역할은 지식을 전달하거나 주입하는 것이 아니라, 마음을 다하여 진정으로 유아와 함께 하고 유아에게 보살핌을 제공하여 유아의 영성을 일깨우는 데 있다. 특히 영성 교육에서 교사는 유아(유아의 개인적 성장), 사회(사회 정의)와 자연(생태 정의)에 대한 내적 · 영적인 성장과 책임 사이의 상호작용을 도울 위치에 있는 사람이다. 영성 교육을 하는 교사는 지식 또는 기술 교육을 뛰어넘은 유아의 발달에 역점을 둔다. 따라서 교사는 영적 통찰을 위한 모니터링, 깊은 자기성찰을 실시하는 것은 물론 영적 관점을 가지고 유아와 적극적인 대화를 해 나가야 한다. 또 유아 영성 교육에서 교사는 무신론자, 유신론자, 불가지론자, 정령 숭배자나 다신론자들의 각기 다른 시각을 아우를 수 있는 능력을 지녀야 한다. 다양한 영적 관점과 종교적 관점을 가진 사람들 사이에서 가교 역할과 조정자 역할을 해야 하기 때문이다. 이렇게 함으로써 교사는 다양한 영적 관점을 아우르는 창의적 통합자로서 봉사할 수 있으며, 이를 위해 교사는 영적 유연성과 포괄적 이해를 지닐 필요가 있다.

넷째, 영성 교육에서는 유아뿐만 아니라 교사의 영성도 육성해야 한다. 교사는 다양한 영적 훈련을 통하여 자신에게 필요한 에너지와 자원을 얻을 수 있어야 한다.

다섯째, 영성 교육은 유아와 교사, 유아와 부모, 유아와 교육기관, 지역사회의 연결이 유기적으로 이루어질 때 가능하다. 그러므로 유아 영성 교육을 위해서는 부모나 지역사회의 적극적인 참여와 네트워크 형성이 요구된다.

## 2. 유아 영성 교육의 목적

Caroll(1998)은 사회복지 실천의 측면에서 영성을 본질로서의 영성과 초월적 존재와의 관계로서의 영성으로 구분하였다. 본질로서의 영성은 자기 발전과 자기 변화를 이루도록 동기화하는 것이고, 초월적 존재와의 관계로서의 영성은 신이나 초월자, 혹은 궁극적 실체의 의미나 관계를 탐구하는 것으로 보았다. Caroll (1998)의 정의는 개인과 신 혹은 초월자와의 관계에만 주목할 뿐, 타인이나 환경에 대해서는 관심을 두지 않았다. 그러나 인간이 자기를 인식하고 초월자와의 관계를 실현하기 위해서는 사회적 환경과 자연적 환경이 필요하다. 왜냐하면 개인이 신 혹은 초월자와의 관계를 실현하는 장이 환경이기 때문이다. 따라서 영성에는 사회적 환경(타인)과 자연적 환경과의 관계가 포함되어야 한다. 결론적으로 영성은 '자신, 타인, 자연, 신에 대한 인간의 추구'라고 볼 수 있다.

따라서 영성 교육은 자신, 타인, 자연, 신에 대한 인간의 추구가 올바르게 이루어지도록 돕는 것이다. 즉, 영성 교육을 통하여 유아가 자신을 올바르게 인식하고, 타인과 긍정적이고 의미 있는 관계를 맺으며, 공동체에 기여하고, 환경을 보호함으로써 신이나 초월자, 혹은 궁극적인 실체의 의미나 관계를 알아가는 것이다.

이를 바탕으로 유아 영성 교육의 목적을 정리하면 다음과 같다. 첫째, 자기인식과 발달이다. 이것은 유아들에게 이미 존재하는 영성을 계발하여 교육하는 것으로, 유아의 내면에 생명력을 불어 넣어 주는 것이다. 유아 영성 교육은 유아들이 자신의 삶을 형성해 나가는 데 중요한 역할을 하는 생명의 근원을 인식하도록 돕는 것이다.

둘째, 영성 교육을 통하여 유아는 사회적 기술 및 지식을 습득하고 다른 사람의 의도 · 생각 · 동기와 위계질서를 알게 된다. 또 다른 사람의 입장을 이해하게 되고 상호관계에 대한 정신적 조절을 할 수 있게 된다. 이 단계에서 유아에게 내적 잠재 능력인 영성을 일깨워 주는 경험을 하게 하면 자신은 물론 타인을 더 잘 이해하고 원만한 대인관계를 해 나가는 방법을 알게 될 것이다(고은이, 김양순, 2008).

셋째, 영성 교육은 공동체성에 목적을 두어야 한다. 공동체는 구성원들이 상호간의 영적인 완전성을 존중하고 서로 열린 마음으로 신뢰하는 분위기 속에서만 형성된다. 도움과 친밀감, 웃음과 화합, 서로가 서로를 이해하고 배려하며 하나가 되는 법을 마음으로 느끼며 배워야 하는 것이다. 영성 교육은 공동체의 가치와 관행을 의식화하여 생활의 다양한 영역을 섬세하게 전달하며 해석하는 공동체 활동이다. 따라서 영성 교육은 보다 나은 세계를 목표로 한 인류 공동체의 활동이 되어야 한다. 또 유아들에게 현대의 문화적 정황에서 새로운 세계관을 정립시키고, 자아정체성과 소속감을 회복할 수 있는 새로운 이정표와 목적의식을 제시할 수 있어야 할 것이다(이숙종, 2001).

이상과 같은 유아 영성 교육의 목적이 실현되면 유아는 자신의 존재론적 의미를 파악할 수 있게 된다. '나는 어떤 사람인지, 누구인지, 타인과 어떻게 관계를 맺어야 하는지, 자연에서 어떻게 위로를 얻고, 공존해야 하는지'를 알아가는 것이다. 이 과정을 통해서 유아는 궁극적인 실체와의 관계를 깨닫게 된다.

## 3. 유아 영성 교육의 방법[4)]

유아교육 과정에서 영성을 받아들임으로써, 유아에게 영적 경험을 할 수 있도

4) 이 내용은 김민서(2011)의 「그림책을 활용한 영성지향 평화 프로그램이 유아의 친사회적 행동과 자기조절력에 미치는 효과」의 일부분을 요약 정리한 것임.

록 도울 수 있다. 영적 경험이란 초월적인 경험일 수도 있지만, 유아교육 과정에서 말하는 영적 경험은 일상생활 속에서도 충분히 이루어질 수 있다. 이러한 영적 경험이란 구체적으로 삶의 순간 순간을 느끼고, 그 안에서 자기를 인식하며, 보다 주체적으로 성숙해 나갈 수 있는 경험을 말하는 것이기 때문이다. 또한 타인과의 관계를 형성하고, 자연환경이나 사회환경 안에서 자신의 역할을 깨닫고 수행하는 것이기도 하다. 이러한 영적 경험을 하도록 하기 위해 다음과 같은 유아 영성 교육 방법의 틀을 제시하고자 한다.

## 1) 내적 교육 방법

내적 교육은 유아가 자신을 바르게 인식하고, 자신의 감정을 조절하여 내면의 평화와 행복을 얻을 수 있는 활동이다.

### (1) 명상과 침묵

명상과 침묵에는 마음을 고요히 하고 집중하는 과정이 포함된다. 조용히 마음에 초점을 맞추면 경청하는 마음과 직관적인 마음이 생긴다. 경청하는 마음은 만물의 통일성과 이러한 통일성에 대한 우리의 연관성을 엿보는 자기 또는 중심의 반영이다(김현재, 1998). 명상은 자신이 어떤 존재인지, 그 자아가 외부의 상황에 어떻게 반응하는지를 알아가는 과정(임재택 외, 2003)으로, 유아의 사고와 행동에 영향을 주어 친사회적 행동을 하게 한다. 이로써 자신 속에 내재된 깨달음과 행복을 느낄 수 있고, 환한 밝은 마음인 본래의 본성을 찾게 된다(김오순, 2006).

이러한 명상활동을 통하여 유아는 자기인식을 할 수 있다. 임재택과 그의 동료들(2003)은 명상활동이 유아에게 자기의 내면을 깊이 들여다보면서 혼자 있는 시간을 경험하게 하고, 자연과 사람과 사물과의 관계를 체험하는 시간을 가짐으로써, 자기 자신과 주변 세상을 다시 되돌아보게 하기 때문에 유아의 자기인식을 돕는 중요한 활동이 될 수 있다고 강조하였다.

이에 관한 경험적 연구로 윤영희(2006)의 연구가 있다. 윤영희는 이 연구에서 유아에게 명상활동을 실시한 결과, 자기정서 조절능력과 타인정서 조절능력의 향상에 효과가 있음을 밝혔다. 최효순(2004)의 연구에서도 유아에게 불교 명상, 즉 참선 명상을 실시하고 유아의 친사회적 행동, 개인정서 조절능력, 대인관계 형성능력, 유치원 적응능력에 어떤 변화가 나타나는지 살펴본 결과, 이들 능력이 향상되었음을 발견할 수 있었다. 고현주(2006)의 연구에서도 다도 명상을 한 유아들의 (자기 자신을 인식하고 표현하는) 자기정서 인식능력, 정서이입능력이 높은 점수를 보였다. 안화자(2007)의 연구에서도 자연 속에서 이루어지는 다양한 생태체험 활동들과 산책 명상을 통해 유아의 개인정서 조절, 대인관계 형성, 어린이집 적응에 긍정적인 효과가 나타나는 것을 알 수 있었다.

현재 유아교육 기관에서 실시하는 명상활동은 다도 명상, 산책 명상 등으로 다양화되어 가고 있다. 박미정, 송연숙, 김영주(2009)는 유아교육기관에서 활용되는 보편적인 교육매체인 그림책을 활용하여 유아에게 명상활동을 실시하였다. 그 결과 유아의 자기조절력이 통계적으로 유의하기 향상되는 것을 확인할 수 있었다. 이처럼 유아교육 기관에서 보다 보편적인 교육매체와 방법을 통하여 명상활동을 하게 된다면 명상활동의 긍정적인 효과를 극대화시킬 수 있을 것이다.

한편, 침묵은 변화의 방향에 영향을 주는 강력한 힘을 발휘한다. 우리는 침묵 중에 우리의 사고와 행위를 알아차리고, 침묵의 효과를 목격한다. 아메리카 인디언들은 말이나 행동에 있어서 자연의 소리에 귀 기울이고, 자연과 대화를 나누며, 자연을 더 깊이 느끼는 삶을 산다(유상덕, 2006). 이들은 자연과 마음의 조화를 '침묵'을 통해서 표현한다. 자신의 감각에 대해 능동적으로 대처하는 활동을 통해 생각의 잡음에 방해받지 않고 지금 이 순간의 정보를 확실히 인지하고 충족감을 느끼는 것이다. 이렇게 하면 내가 해야 할 일에 의식을 모아 집중할 수 있게 된다.

이와 같은 활동들은 마음과 몸이 조화를 이루게 할 뿐만 아니라 마음 자체를 조절할 수도 있게 해 준다. 명상과 침묵의 시간이 주어지면 유아들은 자연스럽게 그들 자신의 생각만으로 홀로 있게 된다. 이러한 시간으로 말미암아 영적 ·

정서적 · 지적 · 사회적 · 신체적 만족도도 최고점에 이르게 된다.

유아교육 기관에서도 침묵을 활용하여 일과를 진행할 수 있다. 하루 중 일부를 침묵 속에 있는 경험은 유아에게 유익할 것이다. 단 5분 간이라도 유아에게 침묵을 경험하게 한다면 유아의 청각적 자각이 높아지고 자신의 마음을 조절할 수 있게 될 것이다.

### (2) 주의집중에 의한 감각활동

주의집중하고 걸음을 걸을 때 우리는 신체의 동작 · 공기 · 주위환경을 자각한다. 천천히 걸으면 다리를 올렸다가 움직이고 땅에 내딛는 과정에 집중하게 되고 내부에 일어나는 모든 감각에 주의를 기울기에 된다. 감각에 의식을 집중하다 보면, 그것을 조절하는 근육의 긴장감을 느끼고, 이러한 촉감을 나의 감각으로 받아들여 지금 하고 있는 일에 집중할 수 있게 된다. 이렇게 신체를 움직여 무언가에 접하는 것은 적당한 자극이 있기 때문에 긴장을 푸는 데도 도움이 된다. 주의집중에 의해 신체의 감각을 느끼고 일깨우는 것이다.

이처럼 주의집중을 하면 신체의 어떤 긴장도 자각하게 되고, 신체에 긴장이 일어날 때 즉각적으로 그것에 대처할 수 있게 된다. 이러한 운동감각의 자각은 유아가 자신의 움직임을 통제하고, 움직임을 감지하는 능력의 기초가 된다. 몸짓에 의해서 유아들은 자신들의 내면의 사고와 내적 감정에 어떤 형태를 주는 것이다(김현재, 1998). 바로 '지금-여기'의 경험은 우리 마음의 가장 기본적인 유형이며, 우리 의식의 핵심이라고 할 수 있다. 명상의 초심자는 호흡의 행위나 걷기에서 몸의 움직임 등을 가능한 조심스럽게 관찰한다. 이렇게 함으로써 고도로 훈련된 주의를 '지금-여기'에 기울이고 집중시키는 것을 배운다. '지금-여기'에 집중함으로써 자각하며 음악을 듣는 활동은, 직접적으로 서로 함께 나누고 있는 내적 시간에 참여하는 것이다(김정신, 2004).

주의집중에 의해서 운동감각 외에 여타의 다른 감각활동도 일깨울 수 있다. 특히 유아기는 감각운동기를 포함하는 시기로, 주의집중에 의한 감각활동이 더욱 효과를 나타내는 시기다. 인간의 내적 생명 중에서 가장 먼저 활동하는 감각은 3~7세 무렵에 가장 많이 발달하는데, 그 이유는 유아가 감각을 통해 환경으로부터 자신에게 필요한 것을 흡수하기 때문이다. 손은혜, 김영주, 송연숙(2010)은 감각적 영성 활용을 개발하여 유아교육 기관에서 적용해 보았다. 그 결과 유아의 자기효능감이 향상되는 것을 확인할 수 있었다. 이처럼 영성을 발달시키려면 모든 감각기관을 통해 자극을 받아들이고, 변별하며, 대상에 대해서 주의를 집중하고, 그 대상을 바르게 지각하는 여러 가지 감각적 활동을 계발하여 유아교육 과정에 적용할 필요가 있다.

### 2) 외적 교육 방법

외적 교육 방법은 유아가 객관적으로 자신을 인식함으로써 상대방의 입장을 알게 하는 것이다. 상대방의 입장을 알고 배려하여 그의 고통을 보는 것, 즉 타인에 대한 인식을 통해 긍정적인 관계를 형성하고 상대방의 마음을 받아들이는 활동이 바로 외적 교육 활동이다. 외적 교육 방법의 주요 과제는 상대방이 나와 함께 있는 것을 편안하게 생각하고 긴장을 풀 수 있도록 하는 활동, 강한 자극으로 인해 스트레스를 유발시키지 않는 활동, 몸을 적당히 움직여 마음을 느긋하게 쉬도록 하는 활동을 계발하는 것이다.

#### (1) 놀이를 통한 자기와 타인과의 인식

Fröebel은 놀이가 인간의 정신발달을 위한 최초의 수단이라고 하였다. 놀이는 인간이 외부세계를 아는 방식이며, 사물과 사회로부터 본래의 경험을 수집하여 마음과 신체의 능력을 발휘하려는 최초의 시도다.

어느 누구도 혼자서는 놀이를 할 수 없다. 놀이를 할 때는 놀이 장소, 놀이 기회, 소유물(장난감)을 나누어 쓰게 된다(김영옥, 2003). 이 같은 놀이 경험을 통해 인간은 자신의 생각과 감정을 표현하고, 자기조절과 반성적 사고를 발달시키며, 또래와의 놀이를 통해 점차 사회적 관계를 형성한다. 놀이와 더불어 커다란 환희와 즐거움을 발견하게 되는 것이다. 놀이는 유아들에게 서로의 마음을 공유하고 관계를 맺으며, 다른 친구의 마음(감정)을 이해하고 존중하는 경험을 제공한다. 이처럼 놀이를 통해 친구들과 협력하다 보면 유대감을 형성하고 긍정적인 관계를 형성할 수 있다.

### (2) 자기와 타인을 인식할 수 있는 예술 활동

유아기는 가족에서 벗어나 보다 확장된 인간관계를 맺는 시기다. 이 시기에 인간관계에 문제가 생기면 성인기까지 영향을 미치게 된다. 이를 예방하기 위해서는 유아에게 사회적으로 필요한 기술을 숙달시키고, 협동의 즐거움을 알려 주며, 옳고 그름에 대한 판단력, 자제력, 다른 사람의 감정을 이해하는 능력을 키워 주어 친사회적 행동을 실천해 볼 수 있는 경험이 제공되어야 한다(양은희, 2010).

자기와 타인을 인식할 수 있는 외적 교육은 개인적인 내적 교육에서 타인과의 관계로 확대되는 영성 교육이다. 개인의 자발적인 결정만으로 실천되는 영성에서, 사회 조직에 있는 타인을 존중하고 배려하는 영성으로 확장시키는 교육인 것이다(박경애, 2009).

유아의 예술성과 창조성은 자신의 영성에 대한 외적 표현이다. 이러한 예술성과 창조성은 개별 유아가 가지는 독특한 속성으로서, 보호받고 육성되어야 하며, 획일적으로 강요되어서는 안 된다. 유아 영성 교육 활동으로는 음악을 듣고 동작을 만들어 신체 표현을 하거나, 미술 작품을 만들거나, 역할 놀이를 하는 등의 창의적 놀이 활동을 제안할 수 있다.

또한 Neville(1989)은 심리극이 유아 영성 교육 활동으로 활용될 수 있다고 주장하였다. 심리극은 자신의 갈등을 실연하며 역할 반전(role reversal) 등의 활동을 통해 자신의 갈등상황과 타인의 감정을 이해할 수 있게 하는 활동이다. 즉, 유아에게 역할 놀이는 타인의 마음을 이해하고 공유함으로써 서로의 갈등을 해결하는 방법을 찾을 수 있는 활동인 것이다.

따라서 창의적 예술 활동과 심리극 등은 인간의 감각과 감성을 활성화하며, 자율적인 표현과 상상력을 극대화하여 자신의 생각을 밖으로 표출함으로써, 타인과 공존하는 아름다운 삶을 추구하게 한다(조연숙, 2007).

### 3) 공동체 교육 방법

우리는 하나의 공동체다. 사람은 서로 친구가 되고 형제가 되고 가족이 됨으로써 큰 힘을 얻으며 살아간다. 이러한 공동체는 우리에게 행복을 준다. 그러므로 우리는 이러한 공동체를 평화롭게 꾸려 나갈 수 있도록 서로 이해하고 상처를 보듬어 주어야 한다.

협동 활동과 환경에 대한 의식은 공동체 교육방법으로 적당하다. 협동 활동은 유아에게 공동체 안에서 자신을 발견하고, 그 안에서 살아가는 방법을 일깨우는 것이다. 환경에 대한 의식은 유아에게 자연 안에서 자신을 발견하고, 자연의 경이로움과 신비감을 느낌으로써, 자연의 섭리를 깨닫게 하는 것이다.

#### (1) 협동 활동

영성은 관계성이다. 인간은 사회적 존재이며, 영적인 삶은 가족, 친구, 다른 사람들과 관계 안에서 이루어진다. 공동체적 영성 교육이란 자신과 다른 사람들, 더 나아가 모든 자연이 함께 조화를 이루는 상호 관계적이고 통전적인 영성 교육(박경애, 2009)이자, 인류에 대한 관계를 회복하는 것이다. 따라서 공동체성을 일깨우는 영성 교육이 교육과정 속에서 이루어져야만 한다. 이러한 교육은 동일한 목표와 목적을 가진 사람들 안에서 서로 도움을 주고받는 협동 활동이 이뤄질 때 가능하다.

더불어 사는 공동체로서 구성원들이 하나가 될 수 있도록 돕는 협동 활동은 유아가 자기지각을 통해 협동하는 마음을 길러 공동체 의식을 갖도록 하고, 개인의 긍정적인 정체성을 확립하며, 자신이 속한 사회와 협력적인 관계를 유지하도록 하는 데 초점을 둔다. 유아에게 의미 있는 공동체는 가족, 친구, 이웃, 사회를 포함한다. 공동체 인식 활동은 협력적 학습, 의사소통 기술, 문제해결 등을 익혀 영성을 계발할 수 있도록 돕는다. 이처럼 영성을 높은 수준으로 끌어올리는 데 가장 효과적인 방법은 밀착된 공동체 정신(조성자, 2000)을 형성하고, 사람들과의 관계를 잘 맺어 사랑과 이해, 관용의 삶을 사는 것이다.

### (2) 환경에 대한 의식

유아들이 영적 생명력을 지닌 본성을 갖도록 어린 시기에 자연의 경이로움에 대해서 세심하게 가르칠 필요가 있다. 자연의 경이로움에 대해 관찰할 수 있는 기회 자체가 영적인 활동이 될 것이다(조성자, 2000). 유아들에게 자연을 보고 느끼게 하면 그들의 영성은 자연스럽게 성장한다. 환경과 생명체를 통해서 사랑을 느끼고, 그것이 다시 인류애로 발전하기 때문이다. 유아는 환경 속에서 고유한 연관성을 깨달을 수 있어야 하며, 인간과 자연 간의 유형, 조화, 관계를 찾는 데 전력을 기울여야 한다.

소련의 체르노빌 사고, 일본의 원전 사고와 같은 환경의 재앙은 인간이 무분별한 기술 발전을 추구하다 자연에 대한 통제와 책임을 상실했다는 증거다. 지식의 이용은 필연적으로 책임을 수반한다. 따라서 유아들에게 환경에 대해 새롭게 인식하고 환경 자원을 보존하며, 책임 있게 활용하도록 할 필요가 있다. 영성 교육 활동을 통해 환경은 의식을 이끌어 내는 것에 초점을 두어야 한다. 라다크인(Ladakis)들은 일과 놀이와 공동체의식을 삶과 교육 속에 실천함으로써 유아가 공동체의 일원으로서 한 몫을 담당하며 책임감을 키워 나가게 한다. 또한 미국 Oregon 주의 Multnomah County에 속하는 11개의 학교 구에서는 야외학교에서 6일 동안 환경에 관하여 배우고 환경에 대한 존중을 일깨운다(김현재, 1998). 우리나라에서도 생태프로그램, 숲 유치원 등으로 자연에 대한 교육활동을 하고 있다. 이러한 활동들 역시 공동체성을 일깨우는 영성 교육의 일환이다.

이처럼 불안과 스트레스에 직면한 유아들에게 사랑, 용서, 관용, 감사하는 마음과 같은 자질을 제공해 줄 수 있는 영성을 계발하고 성장시켜 주는 일은 21세기를 살아갈 그들의 삶의 질을 한 단계 높여 줄 것이다. 내적 교육, 외적 교육, 공동체 교육을 통해 유아가 성숙한 영성을 가질 수 있게끔 영성을 계발하고 영적 성장을 독려할 수 있을 것이다.

지금까지 유아 영성 교육의 목적, 방법에 대한 다양한 내용을 살펴보았다. 이러한 내용들을 간략히 정리하면 다음 [그림 1-1]과 같다.

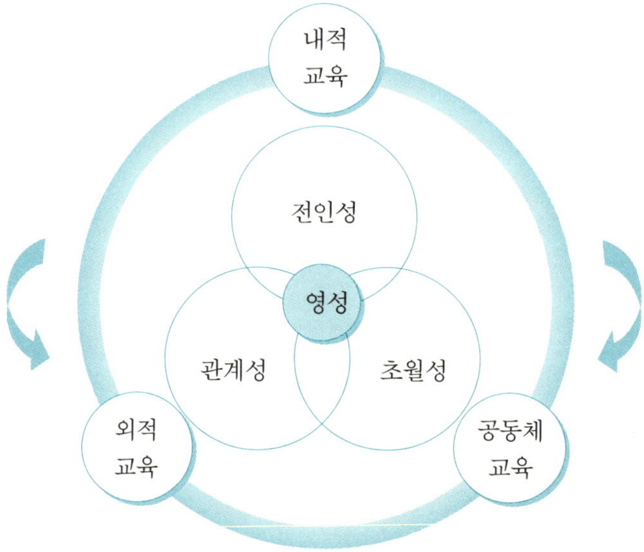


[그림 1-1] 유아 영성 교육 모형

## 4. 유아 영성 교육을 위한 교사의 역할

유아들은 미래에 더 훌륭하고 아름다운 세상을 창조하는 일을 완수하기 위해 매일매일 영적인 자각을 하면서 살아간다. 이러한 유아의 영성을 계발하기 위하여 교사도 영적 성장을 할 필요가 있다. 교사는 유아들이 내면의 소리를 듣는 것은 물론, 타인의 이야기를 경청하여 서로의 다양성을 존중할 수 있도록 만들어 주어야 한다. 영성 교육에서 교사들은 겸손, 섬세함, 감수성 그리고 자연과 인간에 대한 깊은 존경심을 나타낼 수 있어야 한다.

유아가 기쁨과 자유를 느끼고, 생명의 경이로움에 감사하는 마음을 가지고 세계를 온전하게 이해하게 하려면 교사의 역할과 태도가 중요하다. 여기서는 유아의 영성을 계발하는 교사는 어떠해야 하는지 알아보고자 한다.

### 1) 유아의 내면을 바라보는 교사

교사는 유아의 영성을 키우기 위해 유아의 마음, 즉 내면을 바라볼 수 있어야 한다. 자기 안에서 아직 깨어나지 않은 잠재력, 즉 유아의 '진정한 자아의 씨앗'을 발견할 수 있어야 한다. 유아의 삶의 질과 행복은 바로 이 자아의 씨앗에 따라 결정되기 때문이다. 교사는 건강한 씨앗에 매일 물을 주고 사랑을 나누어 주어야 한다. 유아에게 마음을 쏟고 유아가 가진 긍정적인 면에 대해서 이야기해 주어야 한다. 또 유아가 한 행동에 대해 고마움을 표현하고, 친구에게 품었던 부정적인 마음을 드러낼 수 있도록 해 줘서 의사소통을 회복하게 도와주어야 한다. 이는 유아의 내면에 관심을 기울여 유아의 몸과 마음에 어떤 일이 벌어지고 있는지 알아내는 것이다. 이러한 관심으로 유아의 내면에는 변화가 찾아오고 기쁨이 충만해져 서로 친구의 존재를 인식하게 되며 조화와 화합을 이루게 되면서 교실에 평화가 찾아올 것이다.

### 2) 유아의 표현적이고 창의적인 발달을 돕는 교사

유아의 표현적이고 창의적인 발달을 도우려면 유아에게 예술적 경험을 시키는 것이 좋다. 나의 생각이 나의 작품이며, 내가 한 바른 생각이 훌륭한 작품이 된다. 바로 나의 내면이 하나의 예술 활동으로 나타나는 것이다. 이처럼 유아들은 예술 활동을 통해 자기통합을 이룬다. 예술 활동을 하면 주의를 집중하게 된다. 활동 하나하나에 의식을 집중하게 되면서 흥미가 생기고 마음이 차분해진다. 이는 유아의 내면에 있는 억압된 감정들을 끌어내어 나뿐만 아니라 타인의 고통도 읽어 낼 수 있게 만든다. 이처럼 상대에 대해 적극적인 관심을 갖게 되면서 유아는 즐거움, 편안함, 평화로움을 느낄 수 있게 되는 것이다.

Steiner(1972)는 교사가 화가, 음악가, 조각가와 같은 예술가가 되어야 하는 것이 아니라, 예술가와 같이 살아 있다는 증거인 숨결을 교육 속에서 느껴야 한다고 하였다. 예술의 정신성에 기초하여 교육에서 정신성을 회복하고, 감각으로 느끼는 세계 안에서 유아에게 잠재되어 있는 내면세계를 발달시켜 나가도록 해야 한다는 것이다.

표준 보육과정에서 예술경험 영역은 '심미적 탐색' '예술적 표현' '예술 감상'의 세 가지 범주로 구성된다. '심미적 탐색'에서는 영유아가 주변의 친근한 자연이나 생활환경에서 음악적 · 동작적 · 가작적 · 미술적 요소에 관련된 현상이나 사물을 흥미를 가지고 보며 집중하여 탐색하도록 한다. '예술적 표현' 에서는 영유아가 음악 · 움직임 · 모방 · 미술 경험을 마음껏 시도하고 표현하며 자유롭게 즐기도록 한다. '예술 감상'에서는 친근한 소리나 노래, 아름다운 사물이나 환경, 춤 · 극놀이 · 미술작품을 즐기며 생활 속에서 예술에 대해 지속적으로 흥미를 가지도록 한다(여성가족부, 2007).

이처럼 예술 활동으로 감정을 분출할 기회를 만들어 주면 유아의 내면에 잠재되어 있는 감정들이 해소된다. 교사는 부드러운 자극을 주어 유아의 내면이 쉴 수 있도록 함으로써 유아에게 내재되어 있는 영성을 삶의 환경 속으로 이끌어 내어 표현할 수 있게 해야 한다.

### 3) 유아에게 심리적인 안정을 주는 교사

교사가 유아와의 상호작용을 통해 유아에게 안정감과 편안함을 느끼게 하는 것을 말한다. 교사가 감정의 기복이 심하거나 통제가 안 된다면 유아들에게도 부정적인 영향을 줄 수밖에 없다. 그러므로 교사는 먼저 자신의 감정을 다스려, 교사로서 진정으로 아이들을 사랑하는 방법을 익혀야 한다. 그래야만 유아들을 가르치고 도와줄 수 있을 것이다. 이때 유아들의 행동을 무작정 부정하거나 달래거나 방치하는 것이 아니라, 유아가 편안하기를 바라는 마음으로 꼭 안아주고 기본적인 신뢰관계를 만들어야 한다. 유아와의 관계에 있어서는 일방적이거나 권위적이지 않고, 언제나 관계적이고 인격적이어야 한다(유선희, 2010). 또 본연의 모습 그대로 유아의 모든 것을 받아들여 줄 필요가 있다. 유아는 자기가 받아들여지지 못한다고 느끼면 잠재적인 불안을 느끼고 상처를 받게 된다. 이들은 교사의 애정이 어린 관심과 사랑을 받을 때 안정감과 자존감을 느끼고, 자연스럽게 건전한 성장과 발달을 이룰 수 있다.

교사는 섬세하며 인내력과 포용력으로 유아들을 받아들여야 한다. 교사의 친절한 말을 들으면 유아는 자신이 받아들여지고 있다는 것을 알고 마음에 평화로움을 느낀다. 이러한 평화로움을 느끼면 유아가 가진 마음의 상처가 치유되고 인내와 끈기, 절제와 통제 같은 긍정적인 가치를 배우게 될 것이다.

### 4) 유아의 영성을 촉진하는 교사

교사는 유아의 영성을 계발하기 위해 영성지향 평화교육을 계획하고 교육활동을 조직한다. 따라서 적절한 교육환경을 구성하고 수행할 수 있는 능력, 그리고 그것을 효과적으로 활용할 수 있는 능력을 갖추어야 한다. 교실은 영성을 키우기 위해 인위적으로 만들어진 환경이나 자료를 활용하기보다는 유아가 스스로의 감정을 인식하게 하는 활동, 마음을 집중하여 열중할 수 있는 감각적 활동, 마음 깊은 곳에 자리 잡고 있는 열정을 이끌어 내어 삶을 소중하게 여기게 하는 활동을 계획하고 실행할 수 있어야 한다. 그래서 유아교육의 장은 유아의 내면을 보호하고 치유하여 실천할 수 있는 곳이 되어야 한다. 유치원과 어린이집은 '보는' 교육, '몸'으로 표현하는 교육, '직접 만지는' 교육, 즉 다감각적 경험이 실행되도록 준비되어 있어야 한다(유선희, 2010). 이와 같이 유아의 생득적 영성이 발산될 수 있는 교육적 환경을 조성하고, 그 안에서 영성이 발달하는 교육적 활동을 제공하는 것이 촉진자로서의 교사의 중요한 역할이다.

CHAPTER 02

# 유아를 위한 영성지향 평화교육의 계획

1. 영성지향 평화교육의 개념과 목적
2. 영성지향 평화교육 계획하기
3. 유치원 교육과정과 표준 보육과정에 나타난 영성지향 평화교육

김정신(2001)은 영성지향 유아교육 과정의 개발 연구에서 영성 교육의 영역을 숭상, 사랑, 직관, 생명, 평화의 5개 영역으로 구분했다. 이는 김정신(2001)이 세계 여러나라의 9개의 영성지향 교육목적(Daleo, 1996; Dene, 2000; Groome, 1998; Kessler, 2000; Lawson, 1996; Research of the Baha' i Writings, 1998; Rice, 1995; Steiner, 1996; Tillman & Hsu, 2000)을 비교 · 분석한 후, 이를 우리나라의 유아교육 과정에 맞게 분류한 결과다.

숭상, 사랑, 직관, 생명, 평화 영역에서 특히 평화는 유아의 영성 발달을 위한 기초를 제공한다는 측면에서 중요하다. 평화적 환경과 활동이 제공될 때 유아는 자기를 인식하고, 긍정적 행위를 통해서 사랑을 표현한다. 또 두려움보다는 사랑에 기초하여 원하는 것을 선택하고, 자신의 잠재력을 끌어내는 데 필요한 것들을 탐색해 낼 수 있다. 이처럼 평화적 활동을 경험한 유아는 평화를 자신의 일부분으로 여기고 자신의 삶 속에서 평화를 실천할 준비가 된다.

평화교육에서는 유아의 자연스러운 영성 계발을 촉진하기 위해 유아에게 신체적 · 정신적 · 감정적 · 영성적인 욕구를 충족시킬 수 있는 평화적 환경과 활동을 제공한다. Montessori는 유아기가 아직 사회의 해로운 영향을 받기 이전이므로 인간의 본성을 발견할 수 있는 시기라고 설명했다. 그는 유아 인격의 본래적인 가치를 인식하여 보다 나은 세계를 만들어 내는 데 공헌할 수 있는 '새로운 유아'로 자라나게 하려면 영적인 성장에 적합한 평화적 환경을 제공해 주어야 한다고 하였다. 유아교육 현장에서의 평화는 영성의 한 부분으로서, 특정 문화와 특정 종교를 초월하여 모든 인간의 내면세계에 잠재해 있는, 사랑과 공동체적 삶을 추구하는 정신을 가리킨다.

경쟁을 부추기는 사회 속에서 이겨야만 성공하는 삶이라고 강요 받는 유아들에게는 서열과 틀에 얽매이지 않고, 경쟁하지 않는 데서 오는 평안함과 해방감을 느끼게 해 줄 필요가 있다. 이러한 평화의 영성을 제공하려면 유아교육 기관에서 평화교육을 실시해야 한다.

이 절에서는 영성지향 평화교육을 계획하고 실행하기에 앞서, 영성지향 평화교육의 목적과 내용을 알아보고, 유치원 교육과정과 표준 보육과정에 나타난 평화교육 관련 내용을 분석해 보고자 한다. 또한 영성지향 평화교육을 계획하는데 필요한 기본 원칙을 알아보고, 현재 시행되고 있는 유치원 교육과정과 표준보육과정의 주제와 연계하여 영성지향 평화교육을 계획해 볼 것이다.

## 1. 영성지향 평화교육의 개념과 목적

### 1) 영성지향 평화교육의 개념

평화는 소극적 의미에서는 갈등과 폭력이 없는 상태를 말한다. 그러나 보다 적극적인 의미에서의 평화는 그 이상을 의미한다. 예를 들어, 고대 유태교에서는 평화를 '살롬(Shalom)'이라고 한다. 이는 전쟁이 없는 상태, 곧 행복, 번영, 안전이 지켜지는 신의에 의한 정의가 실현된 상태를 말한다. 인도문화에서는 평화를 '샨티(Santi)'라고 한다. 이는 혼란함이 없는 상태를 의미하는데, 비살생, 비폭력의 관념이 포함되어 있고, 가족의 애정관계에 역점을 두는 것이 특징이다. Cully (1984)는 진정한 평화를 위하여 먼저 평화를 소유하지 못하게 하는 요인들을 제거할 것을 제안하며, 다른 사람의 평가에 대한 불안에서 벗어나는 것이 진정한 평화라고 보았다.

특히 유아에게 있어 평화의 의미란 물리적이고 폭력적인 방법을 사용하지 않는 것에 한정되지 않고, 보다 더 적극적인 방법으로 타인을 배려하고, 자신과 타인을 존중하며, 더불어 살아간다는 의미라고 할 수 있다(고병현, 1993; 오인탁, 2001; 한혜숙, 1996).

### 2) 영성지향 평화교육의 목적

이러한 평화의 개념을 바탕으로 이끌어 낸 평화교육의 목적은, 유아가 가정에서는 부모와 자녀, 형제 관계가 교육기관에서는 교사와 친구, 친구와 친구 관계가, 공동체에서는 인간과 자연과의 관계가 각각 평화를 이루는 요소가 됨을 인식하게 하고 나와 가족, 이웃, 사회, 자연과의 상호관계성을 이해하고 평화를 추구하는 삶을 살도록 돕는 것이다.

김정신(2001)은 이상의 목적을 이루기 위하여 영성지향 평화교육의 하위 영역별 목적을 다음과 같이 설정하였다.

〈표 2-1〉 영성지향 평화교육의 목적

| | 일반영역 | 하위영역 |
|---|---|---|
| 1 | 평화 | 평화의 개념 이해, 평화적인 상호작용 강조, 놀이를 통한 평화 표현, 문화 및 인종가치 이해, 갈등해결 방법 발견 |
| 2 | 조화 | 조화 개념 숙고, 교실 활동을 통한 조화로운 체험, 동물을 통한 조화로운 생활 알기, 노작을 통한 자기 통합, 신적 조화의 표현, 조화의 표현, 연대감 인식(내면적 자기, 타인, 공동체, 조상, 자연, 보다 큰 힘과의 연대감), 물질적 · 인지적 · 영적 균형의 획득, 인류의 통합 |
| 3 | 책임감 | 일의 결과에 대한 책임 강화, 자기 행동이 타인에게 미치는 영향 이해, 선택과 행동에 대한 책임감의 강화, 자기 통제력의 개발, 환경에 대한 책임, 정직과 약속의 수행 |

출처: 김정신(2001).

김정신(2001)은 위의 〈표 2-1〉과 같이 영성지향 평화교육의 목적을 평화, 조화, 책임감으로 분류하였으며, 각 일반영역을 다음과 같이 정의하였다.

- **평화**: 몸과 마음이 평온하고 조화로우며, 균형과 평정심, 정의와 만족, 자유와 성취감을 느낄 수 있는 내적 평화의 상태로, 인간과 자연, 우주의 조화를 뜻하는 보다 넓은 개념이다. 유아가 평화롭게 삶으로써 자기와 타인에 대한 너그러운 마음과 자신감, 사랑의 빛으로 사람들을 위한 존중, 연민, 이해를 발달시키도록 돕는다.
- **조화**: 나와 다른 사람들, 자연과 우주의 상호관계가 분리되지 않고 잘 어우

러져 균형감을 잃지 않는 상태에서 변화와 통일을 포함한 전체적인 결합 상태를 뜻한다. 조화를 통한 인간관계의 회복은 다른 사람과 쉽게 어울려 사랑을 나눌 수 있는 기회를 제공하며, 이러한 관계를 통해 긍정적 생각, 감정, 정서를 바탕으로 즐겁고 건강한 삶을 살아갈 수 있을 것이다.

- 책임감: 무언가를 보살피고 그것에 대한 경이로움을 느끼며, 경이로움이 유아의 삶에 있어 영적인 인성으로 양육되어 모든 생명의 놀라운 상호 교류를 통해 자연의 조화, 생명체에 대한 자신의 책임감을 발달시킬 수 있을 것이다. 마음과 사물과의 만남, 그 안에서의 중요한 역할, 즉 우주적 과업으로 현재의 삶과 미래의 삶을 풍족하고 조화롭게 만드는 것이다. 잘 다듬어진 영적인 인성으로서 책임감은 삶을 감사하게 받아들일 수 마음과 만족스러운 삶의 태도로 사회적 유대관계에서 즐거움을 얻을 수 있으며, 다음 세대에 긍정적인 영성을 전할 수 있다.

## 2. 영성지향 평화교육 계획하기

### 1) 영성지향 평화교육의 기본원칙

#### (1) 교사가 먼저 영성과 평화의 개념에 대해 이해하기

유아를 위한 영성지향 평화교육을 계획하고 수립할 때는 교사가 먼저 영성과 평화에 대해 이해하고 있어야 한다. 유아의 영성을 위한 교육은 교사의 영적 성숙에 달려 있다고 해도 과언이 아니다. 영적으로 성숙한 교사는 유아가 자신의 내면세계와 만날 수 있도록 도와주고, 유아의 내면과 통합된 유기적인 교육활동을 제공할 수 있으며, 신뢰와 용납의 분위기로 충만된 공동체를 구성할 수 있다(허영주, 2010).

영적으로 성숙한 교사는 자신이 먼저 평화의 개념을 이해하고, 내면에 평화가 존재하며, 이를 유아와의 상호작용에서 표현할 수 있다. 이는 다른 어떤 교육적 활동보다도 유아들이 평화를 이해하고 받아들이는 데 효과적일 것이다.

### (2) 감각적 영성지향 평화교육 활동 구성하기

유아가 진정한 평화를 소유하기를 원한다면 유아교육 현장에서 평화적 환경과 활동을 통해 유아가 내적 평화를 경험하면서 영성을 계발할 수 있도록 해야 한다. 이러한 영성교육은 유아기부터 시작되어야 하며, 유아의 감각을 활용하는 것이어야 한다.

유아기에는 감각과 운동능력이 주로 발달한다. 정신적 발달은 감각기관을 통해 행해지는 감각운동의 발달에 의존한다. 즉, 감각운동 발달에 의해서 정신이 발달한다(정영혜, 이미령, 2000). 이때 감각적 접근은 비언어적 · 관계적 · 예술적 접근을 포함한다.

비언어적 접근은 명상을 통해 마음을 비우고 내 안에 있는 평화의 세계를 만나는 것이다. 의식에 집중하여 호흡하면 내면의 상태, 즉 마음이나 기분의 상태에 따라 짧고 거친 숨쉬기와 길고 깊은 숨쉬기 등 여러 숨쉬기를 느낄 수 있다. 만약 고르지 못한 호흡을 하고 있다는 것을 스스로 알게 되면 자신의 마음이 편하지 못하다는 것을 알고 마음의 평화를 위해 편해져야겠다고 생각하게 될 것이다. 이렇게 마음 먹으면 호흡이 정상적으로 돌아오면서 자연스럽게 마음도 편해진다. 마음을 비워 숨을 쉬면 우리 몸과 마음이 조화로워지고 이러한 조화로움은 마음의 평화로 연결된다.

또한 한 걸음 한 걸음 걸을 때 자신의 발걸음에 마음을 쏟으며 집중하여 걸으면, 마음을 비운 걷기를 할 수 있다. 마음을 비우고 걷다 보면 주변의 아름다움을 느끼게 된다. 즉 자연에 대한 관심과 애정이 생겨 나면서 '바로 지금-여기'에 있는 긍정적인 것들에 마음을 집중할 수 있다. 이 과정에서 유아는 삶의 경이로움과 만나고 상처받은 마음을 치유할 수 있다.

유아를 중심으로 한 사람, 사물, 문화의 만남인 관계적 접근은 유아가 주변 환경과 능동적 상호작용을 할 수 있도록 한다. 또한 오감(눈, 귀, 코, 입, 몸)에 의해 외부의 자극을 인식하고 감각을 능동적으로 활용하는 예술적 접근은 예술적 경험을 온몸으로 표현하고 마음을 조절하는 법을 배우게 한다. 긍정적인 신체접촉은 유아의 영성 형성에 중요한 역할을 한다. 주변 사람들과의 따뜻한 접촉은 신뢰와 존경심 속에서 유아의 마음과 영혼이 성장할 수 있게 한다. 이러한 활동들은 상상력과 창조적 과정을 통해 사고를 통합하고 재구성하게 해 주며, 평화의 몸짓이 되어 고통과 폭력을 줄여 준다. 이런 활동을 한 유아는 개인으로서의 삶과 우리가 속한 공동체, 즉 사회 구성원으로서의 삶을 잘 조절하며 상황을 변화시키고, 선하고 진실된 아름다운 세상으로 나아갈 수 있을 것이다.

#### (3) 지속적인 영성지향 평화교육 활동 계획하기

지식 위주의 주입식 교육에 혼을 불어넣고 새로운 방향으로 교육을 전환하려면 인간과 자연을 존중하는 영성 교육이 필요하다. 영성에 관한 활동들은 일회성이 아니라 생활주제와 접목된 활동, 지속적인 감각활동으로 구성하여, 유아가 영성을 더욱 쉽게 이해할 수 있도록 해야 한다. 특히 아직 영성이라는 개념을 이해하기 힘든 유아들에게는 또래와의 상호작용에서 발생하는 사회적 갈등을 평화적으로 해결할 수 있는 다양한 방법을 제시하는 가운데, 타인과의 관계 속에서 자신의 내면을 들여다보게 하는 것이 중요하다.

이 책에서는 평화에 관한 생활주제로 나와 가족, 유치원과 친구, 신나는 어린이집 등의 주제를 선정하였다. 이렇게 평화교육을 생활주제 안에서 실행함으로써 보다 지속적인 영성지향 평화교육을 할 수 있다.

#### (4) 통합적인 영성지향 평화교육 활동 계획하기

영성의 계발을 위하여 유아교육 현장에서는 유아들의 갈등 상황에 대한 바른 생각을 재구성하여 평화적으로 갈등을 해결할 수 있는 다양한 교수-학습방법과 기술을 연구하여 교육과정에 통합되도록 계획해야 한다.

영성 교육에서 통합이란 몸, 마음, 영성의 통합을 의미하기도 하고, 지식과 활동의 통합을 뜻하기도 하며, 초월적 삶과 일상생활의 통합을 가리키기도 한다. 유아교육 과정에서 교수-학습방법과 기술의 통합은 더욱 효과적이다. 특히 지식과 활동, 생활 경험의 통합을 통해 영성지향 평화교육을 실시해 나가는 것이 필요하다.

이 책에서는 한 활동 안에 평화에 대한 지식, 평화를 이해하는 감각 활동, 평화에 관한 생활 경험을 포괄하도록 노력하였다. 예를 들면, 평화의 개념을 이해하기 위하여, 이야기 나누기 활동, 신체, 조형 활동 등의 감각활동, 생활에서 평화를 실현하기 위한 지역사회 참여 활동들을 포함시켰다.

## 2) 영성지향 평화교육 활동 계획하기

### (1) 영성지향 평화교육과 유아교육 과정의 영역별 목표를 통합하기

영성지향 평화교육의 목적과 목표는 프로그램의 방향을 설정하는 것으로, 가장 핵심적인 것이라고 할 수 있다. 영성지향 평화교육의 목적은 앞에서 기술한 바와 같다. 유아가 가정에서는 부모와 자녀, 형제간의 관계, 교육기관에서는 교사와 친구, 친구와 친구 간의 관계, 공동체에서는 인간과 자연과의 관계가 평화를 이루는 요소가 됨을 인식하고, 나와 가족, 이웃, 사회 속 공동체, 자연과의 상호관계성을 인식하며 평화를 추구하는 삶을 살도록 돕는 것이다.

목표는 목적과 같은 뜻으로 사용되기도 하지만 목적에 비해 구체적이고 단기적인 것으로 받아들여진다. 영성지향 평화교육의 목적에 부합하는 목표는 무엇인지 알아보자.

예를 들어, 평화영역을 평화, 조화, 책임감이라는 하위 영역으로 나누고, 조화의 한 목표로서 자연과의 연대감 인식을 설정할 수 있다. 이 자연과의 연대감 인식은 '자연의 경이로움이 영적인 인성로 양육될 수 있도록 한다.'와 '자연과 하나의 공동체임을 알고 연대감을 인식하여 자연을 보호한다.'라는 세부 목표로 보다 더 구체화된다.

이러한 영성지향 평화교육의 세부 목표는 유아교육 과정의 영역별 목표와 통합될 수 있다. 예를 들어, 위에서 제시한 자연과의 연대감 인식이라는 목표를 달성하기 위해 유치원 교육과정과 표준 보육과정에서 유사한 교육 목표를 찾아보았다. 그 결과, 유치원 교육과정의 탐구생활 영역에서 '과학적 기초능력 기르기-생명체와 자연환경 소중하게 여기기'를, 건강생활 영역에서 '건강하게 생활하기-즐겁게 생활하기', 표현생활 영역에서 '예술적 표현 즐기기-움직임과 춤으로 표현하기', 사회생활 영역에서 '이웃과 더불어 생활하기-두레의 소중함을 알고 협력하기'를 찾을 수 있었다. 또한 표준 보육과정에서 같은 작업을 시도한 결과, 자연탐구 영역에서 '과학적 탐구-자연현상 이해하기', 예술경험 영역에서 '예술적 표현-춤으로 표현하기', 사회관계 영역에서 '사회관계-공동체 정신 기르기'를 찾을 수 있었다.

이를 표로 제시한 결과는 다음과 같다.

〈표 2-2〉 영성지향 평화교육과 유아교육 과정 관련 요소의 예

<table>
<tr><td>생활주제</td><td colspan="3">환경과 생활 / 계절(가을)</td></tr>
<tr><td>활동명</td><td>어떻게 달라졌을까?</td><td>대상연령</td><td>만 3~5세</td></tr>
<tr><td colspan="4">목 표</td></tr>
<tr><td>영성<br>(조화)</td><td colspan="3">• 연대감 인식(자연)<br>- 자연의 경이로움이 영적인 인성으로 양육될 수 있다.<br>- 자연과 하나의 공동체임을 알고 연대감을 인식하여 자연을 보호한다.</td></tr>
<tr><td colspan="4">교육과정 관련 요소</td></tr>
<tr><td>유치원<br>교육과정</td><td colspan="3">• 탐구생활: 과학적 기초능력 기르기 - 생명체와 자연환경 소중하게 여기기<br>• 건강생활: 건강하게 생활하기 - 즐겁게 생활하기<br>• 표현생활: 예술적 표현 즐기기 - 움직임과 춤으로 표현하기<br>• 사회생활: 이웃과 더불어 생활하기 - 두레의 소중함을 알고 협력하기</td></tr>
<tr><td>표준 보육과정</td><td colspan="3">• 자연탐구: 과학적 탐구 - 자연현상 이해하기<br>• 예술경험: 예술적 표현 - 춤으로 표현하기, 미술활동 즐기기<br>• 사회관계: 사회적 관계 - 공동체 정신 기르기<br>• 신체활동: 신체를 인식하고 움직이기</td></tr>
</table>

### (2) 영성지향 평화교육의 내용 선정 및 조직

영성지향 평화교육의 내용은 영성지향 평화교육의 목적을 달성하기 위한 것이다. 일반적으로 바람직한 내용일수록 여러 가지 목표와 목적을 동시에 이룰 수

있다. 그러나 영성지향 평화교육뿐만 아니라 영성지향 유아교육 자체가 아직 시작단계에 있으므로 영성지향 평화교육의 내용을 체계적으로 조직하고 제시하기는 어렵다.

그럼에도 영성지향 평화교육의 내용을 기존의 유아교육 이론을 바탕으로 제시해 본다면 다음과 같다. 먼저 영성지향 평화교육의 내용은 지식, 가치, 기능으로 분류될 수 있다(공인숙, 한미현, 김영주, 2005). 예를 들어, 유아가 평화의 개념을 이해하도록 돕기 위해 먼저 평화에 대한 지식을 전달한다. 그러고 나서 유아로 하여금 평화를 어떻게 감각적으로 느끼도록 할 것인지 생각해 본다. 평화로운 음악을 듣게 하고 그에 맞게 몸을 움직이게 할 수도 있다. 이와 같이 몸을 움직여 예술적인 표현을 함으로써 유아는 평정심을 유지하는 방법이나, 자신의 감정을 조절하는 방법을 익힐 수 있다.

프로그램의 내용을 선정할 때 고려해야 할 것은 이 내용이 통합적으로 감각적인 활동으로 이루어질 수 있는 내용인가 하는 점이다. 다시 말하면 유아를 위한 감각적 활동이 가능한 내용인지, 또한 생활주제로 통합될 수 있는 내용인지를 고려해야 한다.

영성지향 평화교육이 보다 지속적으로 이루어지기 위해서는 주제와 접목해서 이루어져야 하므로 유아교육 현장에서 생활주제에 따라 영성지향 평화교육을 어떻게 계획할 수 있는지 〈표 2-3〉에 제시하였다.

〈표 2-3〉 영성지향 평화교육과 생활주제의 접목

| | 유치원 교육과정 주제 | 표준 보육과정 주제 | 영성지향 평화교육 |
|---|---|---|---|
| 1 | 나와 가족 | 나와 가족 | • 평화로움을 느껴요<br>• 내 마음에도 평화가 있어요<br>• 감정의 비닐 공<br>• 색깔로 표현해 보아요<br>• 아침 해를 구하자<br>• 온몸으로 느껴요 |
| 2 | 동식물과 자연 | 자연/봄 | • 나무야, 고마워!<br>• 나무의 마음 |

| | | | |
|---|---|---|---|
| 3 | 유치원과 친구 | 신나는 어린이집 | • 터널을 통과해요<br>• 좋은 마음을 나누어요<br>• 마음을 보았니?<br>• 사랑해, 친구야!<br>• 함께 돕는 친구<br>• 행복 배달원<br>• 특별한 내 친구<br>• 친구를 찾아요 |
| 4 | 친구/계절(여름) | 친구/여름 | • 용기의 빛<br>• 평화로운 세상 |
| 5 | 환경과 생활 | 가을 | • 어떻게 달라졌을까?<br>• 무지개 빛깔 자연 |

### (3) 영성지향 평화교육 활동 계획안 구성하기

Tillman과 Hsu(2000)는 영성지향 교육에서는 설명과 토의, 심상화(imagination), 조용하게 있는 훈련, 예술적 표현, 자기발달 활동, 사회적 기술, 사회적 응집력을 위한 기술개발, 교육과정 속에서의 가치 통합이 이루어져야 한다고 하였다. 예를 들어, 유아가 사회적 기술을 습득하도록 도울 때 협동 게임을 할 수 있는데, 그 방법으로 함께 먹기, 함께 요리하기, 함께 집짓기, 함께 그리기 등을 활용할 수가 있다.

영성지향 평화교육은 Tillman과 Hsu(2000)가 제시한 방식으로 이루어지는 것이 바람직하다. 가급적 하나의 교육활동에 다양한 방식 활동이 포함되어야 한다는 뜻이다. 예를 들어, 평화의 개념을 이해하도록 하려면 먼저 평화에 대한 이야기 나누기 활동으로 시작하여, 평화를 예술적으로 표현해 볼 수도 있고, 평화를 경험하기 위한 게임이나 집단 활동을 할 수도 있다. 혹은 영성지향 평화교육을 시작할 때에는 언제나 명상이나 심상화 등을 활용할 수도 있다.

〈표 2-4〉에 제시하고 있는 영성지향 평화교육의 활동 계획안에는 마음 들여다보기, 내면의 선 만나기, 친구와 협력하기, 호흡조절을 하며 감정을 이완하고 이입하기, 좋은 마음 공유하기 등의 활동이 계획되어 있다.

〈표 2-4〉 영성지향 평화교육의 활동 계획안 예

| 생활주제 | 유치원(어린이집)과 친구 | | |
|---|---|---|---|
| 활동명 | 용기의 빛 | 대상연령 | 만 3~5세 |
| 목 표 | | | |
| 영 성 | • 연대감 인식(공동체)<br>– 다른 친구들과의 협력을 통해 내면의 선을 이끌어 낸다.<br>– 자기 지각을 통해 봉사하고 협조하는 마음을 기르고 공동체 의식을 가진다. | | |
| 교육과정 관련 요소 | | | |
| 유치원 교육과정 | • 언어생활: 말하기 – 생각과 느낌 말하기<br>• 탐구생활: 탐구하는 태도 기르기 – 탐구과정 즐기기<br>• 건강생활: 건강하게 생활하기 – 즐겁게 생활하기<br>• 표현생활: 예술적 표현 즐기기 – 움직임과 춤으로 표현하기<br>• 사회생활: 이웃과 더불어 생활하기 – 두레의 소중함을 알고 협력하기 | | |
| 표준 보육과정 | • 기본생활: 건강한 생활 – 적극적으로 활동하기<br>• 신체운동: 신체활동 참여 – 자발적으로 신체 활동에 참여하기<br>• 사회관계: 사회적 관계 – 공동체 정신 기르기<br>• 의사소통: 말하기 – 자신의 느낌, 생각, 경험 말하기<br>• 자연탐구: 탐구적 태도 – 탐구과정 즐기기<br>• 예술경험: 예술적 표현 – 미술 활동 즐기기 | | |
| 준비물 |  그림책, 명상음악, CD 플레이어, 물고기 모양, 크레파스, 스팽클 | | |
| 활동내용 | | | |
| 활동방법 | 1. 그림책 『날 좀 도와줘 무지개 물고기』를 본다.<br>• 교사가 그림책을 보여 준다.<br>• 기억에 남는 장면이나 읽은 느낌에 대한 이야기를 나눈다.<br>– 줄무늬 물고기는 어떤 기분일까?<br>– 줄무늬 물고기처럼 다른 친구들이 놀아 주지 않는다면 기분이 어떨까? (마음 들여다보기)<br>– 친구들은 왜 줄무늬 물고기와 함께 놀지 않았니? (갈등의 원인 알아보기)  | | |

활동방법

• 무지개 물고기의 마음은 어땠을까? 친구들이 무지개 물고기라면 어떻게 하고 싶니?

2. 무지개 물고기를 만들어 본다.
 • 무지개 물고기가 되어 본다.
 - 줄무늬 물고기를 도와주려는 마음은 어디에서 왔을까? (우리의 마음속에서 나왔어요. 내면의 선 만나기)
 - 어떻게 하면 줄무늬 물고기를 도와줄 수 있을까? (친구와 협력하기)

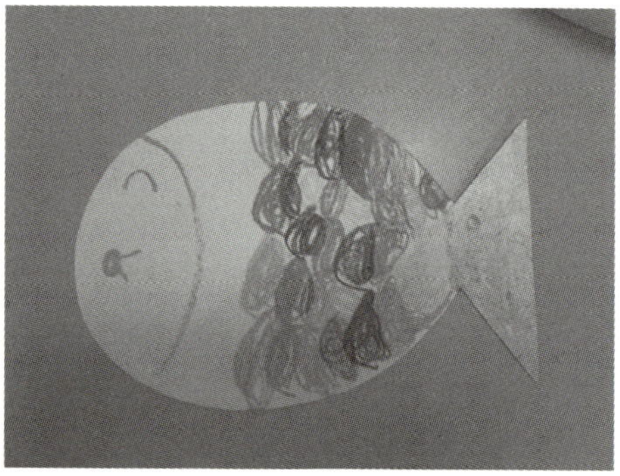

무지개 물고기

갈등 상황

다른 친구들과 협력하기

내면의 선 만나기(용기)

 • 눈을 감고 마음속을 들여다본다.
 - 명상 자세로 앉아 숨을 천천히 들이마시고 잠시 멈추었다가 오므린 입술을 통해서 천천히 숨을 내보낸다(호흡조절을 하며 감정이완과 감정이입).
 - 무지개 물고기가 줄무늬 물고기를 도와줍니다.
 - 무지개 물고기 마음속에 반짝이는 용기가 보입니다.
 - 천천히 숨을 들이쉬며 공기를 따라 우리의 마음속으로 들어가 봅니다.

| | | |
|---|---|---|
| 활동방법 | | - 우리의 마음속 깊은 곳에 반짝이는 것이 보입니다. 바로 빛나는 용기입니다.<br>- 천천히 빛나는 용기를 바라봅니다.<br>- 다른 사람을 도와줄 수 있는 씩씩한 마음, 사이좋게 지낼 수 있는 아름다운 마음의 용기는 우리의 마음을 평화롭게 합니다.<br>• 감았던 눈을 뜨고 목과 어깨 등 몸을 천천히 오른쪽, 왼쪽으로 돌려 준다.<br>• 활동을 마무리하며 어떤 생각과 느낌이 들었는지 이야기를 나눈다.<br><br>3. 정의로운 행동(마음속 용기)을 통해 자신과 다른 친구 간에 긍정적인 관계를 형성한다(좋은 마음 공유하기).<br>• 교사는 유아들에게 스팡클(용기)을 나누어 준다.<br>- 선생님이 반짝이는 마음을 나누어 줄 거야. 이건 친구들의 마음속에 들어갈 용기란다.<br>- 이제 마음속 용기는 우리가 착한 일을 할 수 있는 힘이 되어 주고, 착한 일을 할 때마다 더 커지고 더 반짝이게 될 거야.<br> 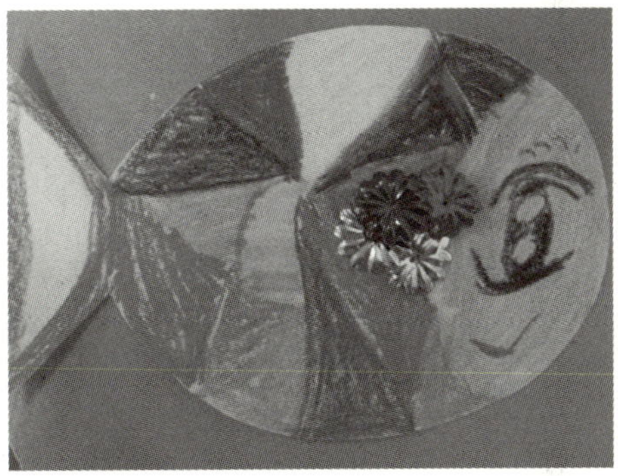 |
| 교육방법 | 교사 역할 | • 안내자, 참여적 리더 역할을 한다.<br>• 유아가 자아를 긍정적으로 바라보고, 타인은 배려하면서 내면의 선을 이끌어 낼 수 있도록 방향을 제시한다. |
| | 집단 구성 | • 이야기 나누기: 대집단<br>• 조형 활동: 개별<br>• 감각적 활동(신체활동, 명상): 대집단 |

바람직한 영성지향 평화교육 활동은 영성과 관련된 다양한 활동(명상, 산책, 관조, 심상화 등)을 하는 것과 더불어 지식, 가치, 기능을 담아낼 수 있는 것이어야 한다. 이를 고려하여 영성지향 평화교육 활동 계획안의 예를 제시하였다.

## 3. 유치원 교육과정과 표준 보육과정에 나타난 영성지향 평화교육

이 절에서는 2절에서 제시한 영성지향 평화교육의 목적에 부합하는 내용을 유치원 교육과정과 표준 보육과정에서 찾아보았다. 예를 들어, 평화의 하위 영역에 '평화의 개념 이해'에 해당하는 유치원 교육과정과 표준 보육과정의 목표를 찾아본 결과, 유치원 교육과정에서는 사회생활 영역에서 나의 감정을 알고 조절하기, 표현생활 영역에서는 움직임과 춤으로 표현하기를 찾을 수 있었다. 표준 보육과정에서도 마찬가지로 사회관계 영역에서 자신과 다른 사람의 여러 가지 감정을 인식하고 표현하기, 예술경험 영역에서 춤으로 표현하기를 찾을 수 있었다. 즉, 유아가 평화의 개념을 이해하기 위해 평화에 대한 인지적 이해보다는 자신의 감정을 알고 조절하며, 감정을 풀어 나가는 방법으로 몸의 움직임이나 춤을 사용하여 평화에 대한 개념을 이해하는 것이다.

이러한 방법으로 영성지향 평화교육의 목표와 관련된 유치원 교육과정과 표준 보육과정의 목표를 찾아본 결과는 다음과 같다.

## 1) 평화

### (1) 평화의 개념 이해

영 성

평 화

평화의 개념 이해

| 유치원 교육과정 | | | |
|---|---|---|---|
| 영 역 | 내 용 | 하위내용 | 수준별 내용 |
| 표현 생활 | 예술적 표현 즐기기 | 움직임과 춤으로 표현하기 | • 움직임과 춤을 통해 생각과 느낌을 자유롭게 표현한다. |
| 사회 생활 | 나를 알고 사랑하기 | 나의 감정 알고 조절하기 | • 여러 가지 감정이 생길 수 있음을 안다. |

| 표준 보육과정 | | | |
|---|---|---|---|
| 영 역 | 내 용 | 하위내용 | 수준별 내용 |
| 예술 경험 | 예술적 표현 | 춤으로 표현하기 | • 다양한 자극에 대해 느낀 것을 춤이나 움직임으로 자유롭게 표현한다. |
| 사회 관계 | 정서 인식과 조절 | 자신과 다른 사람의 여러 정서를 인식하고 표현하기 | • 자신과 다른 사람이 여러 정서를 가질 수 있음을 인식한다. |

## (2) 놀이를 통한 평화 표현

영 성

평 화

놀이를 통한 평화 표현

| 유치원 교육과정 | | | |
|---|---|---|---|
| 영 역 | 내 용 | 하위내용 | 수준별 내용 |
| 언어생활 | 말하기 | 생각과 느낌 말하기 | • 자신의 느낌을 적절한 어휘를 사용하여 말한다. |
| 사회생활 | 나를 알고 사랑하기 | 나를 소중하게 여기기 | • 나에 대해 알아보고 소중하게 생각한다. |
| | 가족과 함께 생활하기 | 가족과 화목하게 지내기 | • 부모, 형제 등 가족과 사이좋게 지낸다. |
| | 이웃과 더불어 생활하기 | 다른 사람을 이해하고 존중하기 | • 친구와 사이좋게 지낸다.<br>• 사람의 서로 다른 점을 존중하며 함께 지낸다. |

| 표준 보육과정 | | | |
|---|---|---|---|
| 영 역 | 내 용 | 하위내용 | 수준별 내용 |
| 의사소통 | 말하기 | 상황에 맞는 언어 사용하기 | • 듣는 사람의 생각과 느낌을 헤아려 말한다. |
| 사회관계 | 자기 존중 | 자신의 소중함을 알기 | • 자신에 대해 긍정적으로 생각하고, 자신의 소중함을 안다. |
| | 사회적 관계 | 가족과 화목하게 지내기 | • 가족이 행복해지기 위해서는 함께 노력해야 한다는 것을 이해한다. |
| | | 또래와 사이좋게 지내기 | • 자신과 다른 사람의 의견에 차이가 있음을 안다.<br>• 또래와의 갈등을 여러 방법으로 해결한다. |

### (3) 갈등 해결 방법 모색

영 성

평 화

갈등 해결 방법 모색

| 유치원 교육과정 | | | |
|---|---|---|---|
| 영 역 | 내 용 | 하위내용 | 수준별 내용 |
| 표현생활 | 예술적 표현 즐기기 | 조형 활동을 표현하기 | • 협동적인 조형 활동을 통해 생각과 느낌을 표현한다. |
| 사회생활 | 나를 알고 사랑하기 | 나의 감정 알고 조절하기 | • 나의 감정을 조절하여 적절하게 표현한다.<br>• 상황에 따라 감정이 변할 수 있음을 안다. |

| 표준 보육과정 | | | |
|---|---|---|---|
| 영 역 | 내 용 | 하위내용 | 수준별 내용 |
| 예술경험 | 예술적 표현 | 미술 활동 즐기기 | • 미술 활동으로 자신의 생각과 느낌을 독창적으로 표현한다. |
| 사회관계 | 사회적 관계 | 또래와 사이좋게 지내기 | • 자신과 다른 사람의 의견에 차이가 있음을 안다.<br>• 또래와의 갈등을 여러 방법으로 해결한다. |
| | 정서 인식과 조절 | 자신과 다른 사람의 여러 가지 정서를 인식하고 표현하기 | • 다른 사람과 상황을 고려하여 자신의 정서를 긍정적인 방법으로 표현한다. |
| | | 자신의 정서를 조절하고 활용하기 | • 문제해결과정에서 적절하게 정서를 이용한다. |

## 2) 조화

### (1) 교실 활동을 통한 조화로움 체험

영 성

조 화

교실 활동을 통한 조화로운 체험

| 유치원 교육과정 | | | |
|---|---|---|---|
| 영 역 | 내 용 | 하위내용 | 수준별 내용 |
| 언어생활 | 쓰기 | 쓰기에 관심 가지기 | • 말이나 생각을 글로 옮길 수 있음을 안다. |
| 건강생활 | 건강하게 생활하기 | 즐겁게 생활하기 | • 다양한 신체 활동을 통해 긴장감을 해소하고 즐거운 마음으로 생활한다. |
| 사회생활 | 이웃과 더불어 생활하기 | 예절 바르게 생활하기 | • 도움을 받거나, 잘못했을 때 적절한 말과 태도로 표현한다. |
| | | 두레의 소중함을 알고 협력하기 | • 다른 사람과 협력한다. |

| 표준 보육과정 | | | |
|---|---|---|---|
| 영 역 | 내 용 | 하위내용 | 수준별 내용 |
| 의사소통 | 쓰기 | 자신의 느낌, 생각, 경험, 쓰기에 흥미 가지기 | • 다른 사람에게 하고 싶은 이야기를 그림과 글자로 쓴다. |
| 사회관계 | 신체 활동 참여 | 자발적으로 신체 활동에 참여하기 | • 집단으로 하는 신체 활동에 적극적으로 참여한다. |
| | 사회적 관계 | 공동체 정신 기르기 | • 집단 구성원의 상호협조 관계를 이해하고 협력한다. |
| 기본생활 | 바른 생활 | 예절 바르게 생활하기 | • 다른 사람의 도움과 친절에 고마움을 표현한다. |

## (2) 조화의 표현

영 성

조 화

조화의 표현

| 유치원 교육과정 | | | |
|---|---|---|---|
| 영 역 | 내 용 | 하위내용 | 수준별 내용 |
| 언어생활 | 말하기 | 생각과 느낌 말하기 | • 자신의 느낌을 적절한 어휘를 사용하여 말한다. |
| 사회생활 | 이웃과 더불어 생활하기 | 예절 바르게 생활하기 | • 도움을 받거나, 잘못했을 때 적절한 말과 태도로 표현한다. |
| | | 다른 사람을 이해하고 존중하기 | • 사람은 서로 다르다는 것을 안다. |

| 표준 보육과정 | | | |
|---|---|---|---|
| 영 역 | 내 용 | 하위내용 | 수준별 내용 |
| 의사소통 | 말하기 | 자신의 느낌, 생각, 경험 말하기 | • 자신의 느낌, 생각, 경험을 다른 사람에게 말한다. |
| 사회관계 | 사회적 관계 | 공동체 정신 기르기 | • 도움이 필요할 때 다른 사람과 도움을 주고받는다.<br>• 자신이 속한 집단의 구성원으로서 소속감이 생긴다. |
| 기본생활 | 건강한 생활 | 적극적으로 활동하기 | • 여러 가지 놀이에 적극적으로 참여한다. |

## (3) 연대감 인식(공동체)

영 성

조 화

연대감 인식(공동체)

| 유치원 교육과정 | | | |
|---|---|---|---|
| 영 역 | 내 용 | 하위내용 | 수준별 내용 |
| 언어생활 | 말하기 | 생각과 느낌 말하기 | • 자신의 느낌을 말한다. |
| 탐구생활 | 탐구하는 태도 기르기 | 탐구과정 즐기기 | • 나의 생각이 다른 사람과 다를 수 있음을 안다. |
| 건강생활 | 건강하게 생활하기 | 즐겁게 생활하기 | • 다양한 신체 활동을 통해 긴장감을 해소하고 즐거운 마음으로 생활한다. |
| 표현생활 | 예술적 표현 즐기기 | 움직임과 춤으로 표현하기 | • 신체를 이용하여 주변의 움직임을 다양하게 표현한다. |
| | | 극놀이로 표현하기 | • 소품, 배경, 의상 등을 계획하여 협동적으로 극놀이를 한다. |
| 사회생활 | 이웃과 더불어 생활하기 | 두레의 소중함을 알고 협력하기 | • 다른 사람과 협력한다.<br>• 친구의 의견을 존중하며 집단 활동에 참여한다. |

| 표준 보육과정 | | | |
|---|---|---|---|
| 영 역 | 내 용 | 하위내용 | 수준별 내용 |
| 의사소통 | 말하기 | 자신의 느낌, 생각, 경험 말하기 | • 자신의 느낌, 생각, 경험을 다른 사람에게 말한다. |
| 자연탐구 | 탐구적 태도 | 탐구과정 즐기기 | • 여러 사람의 서로 다른 의견을 존중한다. |
| 기본생활 | 건강한 생활 | 적극적으로 활동하기 | • 여러 가지 놀이에 적극적으로 참여한다. |
| 신체운동 | 신체 활동 참여 | 자발적으로 신체활동에 참여하기 | • 집단으로 하는 신체활동에 적극적으로 참여한다. |
| 예술경험 | 예술적 표현 | 미술활동 즐기기 | • 미술활동 작품을 활용하는 경험을 즐긴다. |
| | | 극놀이로 표현하기 | • 사전계획을 세워 협동적으로 극놀이를 한다. |
| 사회관계 | 사회적 관계 | 공동체 정신 기르기 | • 도움이 필요할 때 다른 사람과 도움을 주고받는다.<br>• 집단 구성원의 상호협조 관계를 이해하고 협력한다. |

### (4) 연대감 인식(자연)

영 성

조 화

연대감 인식(자연)

**유치원 교육과정**

| 영 역 | 내 용 | 하위내용 | 수준별 내용 |
|---|---|---|---|
| 탐구생활 | 과학적 기초 능력 | 생명체와 자연환경 소중하게 여기기 | •생명체가 살아가기에 좋은 환경에 대해 알아본다. |
| | | 자연현상에 대해 알아보기 | •자연물의 상태와 변화에 관심을 가진다.<br>•자연물의 상태와 변화를 관찰한다. |
| 건강생활 | 건강하게 생활하기 | 즐겁게 생활하기 | •다양한 신체 활동을 통해 긴장감을 해소하고 즐거운 마음으로 생활한다. |
| 표현생활 | 예술적 표현 즐기기 | 움직임과 춤으로 표현하기 | •신체를 이용하여 주변의 움직임을 다양하게 표현한다. |
| | | 조형 활동으로 표현하기 | •조형 활동을 통해 자신의 생각과 느낌을 창의적으로 표현한다. |
| 사회생활 | 이웃과 더불어 생활하기 | 두레의 소중함을 알고 협력하기 | •다른 사람과 협력한다. |

**표준 보육과정**

| 영 역 | 내 용 | 하위내용 | 수준별 내용 |
|---|---|---|---|
| 자연탐구 | 과학적 탐구 | 자연현상 이해하기 | •계절의 변화에 관심을 가진다.<br>•자연보호에 관심을 가진다.<br>•자연의 소중함을 알고 더불어 살려는 마음이 생긴다. |
| 신체운동 | 감각과 신체 인식 | 신체를 인식하고 움직이기 | •신체의 각 부분의 특징을 활용하여 움직인다. |
| 예술경험 | 예술적 표현 | 춤으로 표현하기 | •다양한 자극에 대해 느낀 것을 춤이나 움직임으로 자유롭게 표현한다. |
| | | 미술활동 즐기기 | •협동적인 미술활동에 참여하여 즐긴다. |
| 사회관계 | 사회적 관계 | 공동체 정신 기르기 | •집단 구성원의 상호협조 관계를 이해하고 협력한다. |

## 3) 책임감

### (1) 환경에 대한 책임

영 성

책임감

환경에 대한 책임

| 유치원 교육과정 | | | |
|---|---|---|---|
| 영 역 | 내 용 | 하위내용 | 수준별 내용 |
| 탐구 생활 | 과학적 기초 능력 기르기 | 생명체와 자연 환경 소중하게 여기기 | • 주변의 모든 생명체를 존중하고 돌보는 마음을 가진다.<br>• 생명체가 살아가기 좋은 환경에 대해 알아본다.<br>• 생명체는 서로 함께 살아가는 것임을 안다. |
| 건강 생활 | 안전하게 생활하기 | 환경오염이나 재난에 대비하기 | • 환경오염을 예방하는 방법을 알고 실천한다. |
| 표현 생활 | 예술적 표현 즐기기 | 움직임과 춤으로 표현하기 | • 움직임과 춤을 통해 생각과 느낌을 자유롭게 표현한다. |

| 표준 보육과정 | | | |
|---|---|---|---|
| 영 역 | 내 용 | 하위내용 | 수준별 내용 |
| 자연 탐구 | 과학적 탐구 | 생명체와 환경의 관계 알기 | • 주변 동식물의 성장에 필요한 조건(영양, 호흡, 배설 등)을 알아본다.<br>• 생명체의 소중함을 알고 더불어 살려는 마음이 생긴다. |
| 신체 운동 | 신체 운동과 기본 운동 | 조작운동하기 | • 그리기를 잘 하고 만들기 도구 등을 능숙하게 활용한다. |
| 예술 경험 | 예술적 표현 | 춤으로 표현하기 | • 도구를 활용하여 움직임을 창의적으로 표현한다. |

## (2) 자기 통제력 계발

영 성

책임감

자기 통제력 계발

| 유치원 교육과정 | | | |
|---|---|---|---|
| 영 역 | 내 용 | 하위내용 | 수준별 내용 |
| 건강생활 | 즐겁게 생활하기 | 즐겁게 생활하기 | • 다양한 신체 활동을 통해 긴장감을 해소하고 즐거운 마음으로 생활한다. |
| 표현생활 | 예술적 표현 즐기기 | 조형 활동으로 표현하기 | • 협동적인 조형 활동을 통해 생각과 느낌을 표현한다. |
| 사회생활 | 나를 알고 사랑하기 | 나의 감정 알고 조절하기 | • 나의 감정을 조절해야 할 필요성을 안다.<br>• 나의 감정을 조절하여 적절하게 표현한다. |

| 표준 보육과정 | | | |
|---|---|---|---|
| 영 역 | 내 용 | 하위내용 | 수준별 내용 |
| 신체운동 | 신체 운동과 기본 운동 | 조작운동하기 | • 그리기나 만들기 도구 등을 능숙하게 활용한다. |
| 예술경험 | 예술적 표현 | 미술 활동 즐기기 | • 미술 활동으로 자신의 생각과 느낌을 독창적으로 표현한다. |
| 사회관계 | 정서 인식과 조절 | 자신과 다른 사람의 여러 가지 정서를 인식하고 표현하기 | • 자신의 정서를 긍정적으로 조절한다.<br>• 자신과 다른 사람의 다양한 정서를 이해하고 공감한다.<br>• 다른 사람과 상황을 고려하여 자신의 정서를 긍정적인 방법으로 표현한다. |

### (3) 정직과 약속의 수행

영 성

책임감

정직과 약속의 수행

| 유치원 교육과정 | | | |
|---|---|---|---|
| 영 역 | 내 용 | 하위내용 | 수준별 내용 |
| 표현생활 | 예술적 표현 즐기기 | 극놀이로 표현하기 | • 경험이나 간단한 이야기를 극놀이로 표현한다. |
| 사회생활 | 나를 알고 사랑하기 | 나의 일 스스로 하기 | • 해야 할 일을 책임감 있게 한다. |
| | 이웃과 더불어 생활하기 | 질서와 규칙 지키기 | • 다른 사람과 한 약속을 지킨다. |

| 표준 보육과정 | | | |
|---|---|---|---|
| 영 역 | 내 용 | 하위내용 | 수준별 내용 |
| 예술경험 | 예술적 표현 | 극놀이로 표현하기 | • 소품, 배경, 의상 등을 사용하여 극놀이를 한다. |
| 사회관계 | 자기존중 | 자신감과 독립심 기르기 | • 자신이 할 수 있는 일을 알고 실천한다. |
| 기본생활 | 바른생활 | 예절 바르게 생활하기 | • 정직하게 행동한다.<br>• 약속을 지킨다. |

# 유아를 위한 영성지향 평화교육의 실제

CHAPTER 03

1. 영성지향 평화교육의 구성 방향
2. 영성지향 평화교육의 실제

## 1. 영성지향 평화교육의 구성 방향

이 책에서 제시하는 영성지향 평화교육은 자기의 내면을 바라보고 인식하는 내적 교육과 타인에 대한 인식, 배려, 친절 등을 베풀도록 하는 외적 교육, 이 두 가지를 아우르며 행복한 삶을 살아갈 수 있도록 하는 공동체 교육을 기초로 한다. 또한 유치원 교육과정(5개 영역) 및 표준 보육과정(6개 영역)과의 적합성을 분석하여 현재 시행되고 있는 유아교육 과정과 표준 보육과정에 자연스럽게 녹아들도록 하였다. 여기에 생활주제와도 접목을 시도하여 영성을 일상생활 경험과 통합하도록 하였다.

이 책은 감각을 통하여 학습하는 유아를 위하여 감각통합적인 활동을 위주로 계획되었다. 하나의 교육활동 안에는 명상, 심상화, 설명과 토의, 조용하게 있는 훈련, 예술적 표현, 자기발달 활동, 사회적 기술, 사회적 응집력을 위한 기술개발 등의 다양한 활동이 포함되어 있다.

## 2. 영성지향 평화교육의 실제

이 절에서는 어린이집이나 유치원과 같은 유아교육 현장에서 생활주제에 따라 직접 실행해 볼 수 있는 영성지향 평화교육의 예를 제시할 것이다. 또한 영성지향 평화교육을 실행함에 있어 유아교육 기관에서 자주 사용하는 교육적 매체인 그림책을 활용하였다. 그림책을 통하여 교사나 유아가 영성을 보다 빠르게, 직관적 · 감각적으로 이해하고 받아들일 수 있기 때문이다.

〈표 3-1〉 영성지향 평화교육의 활동 내용 및 목표

| 회기 | 그림책 제목 | 영성지향 평화교육의 하위 목적 | 영성지향 평화교육활동 | 목표 |
|---|---|---|---|---|
| 1 | 새벽 | 평화의 개념 이해 | 평화로움을 느껴요 | • 마음의 평화로움을 느낀다.<br>• 명상을 통해 평화로움을 인식한다. |
| 2 | | | 내 마음에도 평화가 있어요 | • 마음의 평화로움을 느낀다.<br>• 신체표현을 통해 평화로움을 표현해 본다. |
| 3 | 터널 | 놀이를 통한 평화 표현 | 터널을 통과해요 | • 그림책 속에 나온 상황을 탐색하고, 다른 친구의 마음(감정)을 이해하고 존중한다.<br>• 놀이를 통해 자기애를 기르고 열린 마음을 가진다. |
| 4 | | | 좋은 마음을 나누어요 | • 다른 친구의 마음(감정)을 이해하고 긍정적인 관계를 형성한다.<br>• 놀이를 통한 평화표현을 경험해 갈등 상황을 평화롭게 해결하는 방법을 익힌다. |
| 5 | 마음을 보았니? | 갈등 해결 방법 모색 | 마음을 보았니? | • 자신의 감정을 인식하여 적절하게 표현하는 방법을 알아본다.<br>• 다른 사람의 마음을 알고 이해하여, 갈등상황에서 해결할 수 있는 방법을 알아본다. |
| 6 | | | 사랑해, 친구야! | • 다른 사람의 기분이 나와 다를 수 있음을 알고, 남을 배려하고 도와줄 수 있는 마음을 기른다.<br>• 마음을 나누고 공유하여 적절한 방법으로 갈등을 해결한다. |
| 7 | 우리는 친구 | 교실 활동을 통한 조화로운 체험 | 함께 돕는 친구 | • 그림책을 탐색함으로써 친구의 소중함을 안다.<br>• 다른 친구들과의 협력을 통하여 유대감을 가지고 긍정적인 관계를 형성한다.<br>• 조화로운 사회적 관계를 형성하여 내면의 평화로움을 누릴 수 있다. |
| 8 | | | 행복 배달원 | • 공동체 속에서 열린 마음으로 대화를 나누고 사랑하는 방법을 배워 평화로움을 인식하고 학습한다. |
| 9 | 수영장에 간 조세핀 | 조화의 표현 | 특별한 내 친구 | • 나와 다른 모습의 사람들에 대해 수용적인 태도를 갖는다.<br>• 다른 사람들과 자기 사랑을 나눌 수 있는 기회를 갖는다. |
| 10 | | | 친구를 찾아요 | • 하나의 공동체임을 인식하여 조화롭게 생활한다.<br>• 사려 깊은 행동을 하도록 촉진시켜 친절하고 상냥한 마음으로 친구를 대한다. |

| | | | | |
|---|---|---|---|---|
| 11 | 날 좀 도와줘, 무지개 물고기 | 연대감 인식 (공동체) | 용기의 빛 | • 다른 친구들과의 협력을 통해 내면의 선을 이끌어 낸다.<br>• 자기지각을 통해 봉사하고 협조하는 마음을 길러 공동체 의식을 가진다. |
| 12 | | | 평화로운 세상 | • 타인을 인식하고 문제해결 과정을 경험하여 갈등상황을 해결할 수 있는 마음을 기른다. |
| 13 | 사계절 | 연대감 인식 (자연) | 어떻게 달라졌을까? | • 자연의 경이로움을 보며 영적인 인성을 기른다.<br>• 자연과 내가 하나의 공동체임을 알고 연대감을 갖게 되어 자연을 보호한다. |
| 14 | | | 무지개 빛깔 자연 | • 자연의 변화를 통해 계절의 흐름을 느끼고 자연의 색을 표현해 본다.<br>• 자연의 아름다움을 경험하고 계절의 변화에 따른 자연의 이치를 이해한다. |
| 15 | 나무 | 환경에 대한 책임 | 나무야, 고마워 | • 자연의 질서와 신비를 느껴 평화로움을 경험한다.<br>• 자연이 사람에게 주는 이로움을 이해하고, 자연보호를 위해 자신이 할 일을 안다. |
| 16 | | | 나무의 마음 | • 나무의 변화를 통해 계절의 흐름을 느끼고 자연의 색을 표현해 본다.<br>• 자연의 아름다움을 경험하고 계절의 변화에 따른 자연의 이치를 이해한다. |
| 17 | 쏘피가 화나면 정말 정말 화나면 | 자기통제력 계발 | 감정의 비닐 공 | • 자신의 기분을 긍정적으로 표현하며 스스로 기분을 조절하고 통제할 수 있는 방법을 알아본다. |
| 18 | | | 색깔로 표현해 보아요 | • 자신의 감정을 인식하여 적절하게 표현하는 방법을 알아본다.<br>• 감정을 표현하는 여러 가지 모습(얼굴)들을 제시하거나 생각하여, 정서적으로 안정되고 마음의 평화로움을 느낀다. |
| 19 | 아침 해를 구한 용감한 수탉 | 정직과 약속의 수행 | 아침 해를 구하자 | • 내면의 선을 통해 정직과 약속을 수행할 수 있는 힘을 이끌어 낸다.<br>• 용기를 가지고 책임감 있는 행동으로 영적 성장을 돕는다. |
| 20 | | | 온몸으로 느껴요 | • 정직과 약속을 수행할 수 있는 내면의 힘이 자기 안에 존재함을 안다.<br>• 정직하게 약속을 잘 수행했을 때의 기분을 온몸으로 표현할 수 있다. |

# 1) 평화로움을 느껴요

**생활주제** 나

**대상연령** 만 3~5세

**활동명** 평화로움을 느껴요

**활동유형**
- 이야기 나누기: 대집단
- 조형 활동: 개별
- 감각적 활동(명상, 신체활동): 대집단

**활동목표** 영성(평화)

- 평화의 개념 이해
  - 마음의 평화로움을 느낀다.
  - 명상을 통해 평화로움을 인식한다.

**교육과정 관련 요소**

- 유치원 교육과정
  - 사회생활: 나를 알고 사랑하기-나의 감정 알고 조절하기

- 표준 보육과정
  - 사회관계: 정서인식과 조절-자신과 다른 사람의 여러 가지 정서를 인식하

고 표현하기

### 활동자료

『새벽』 그림책, 명상 음악, CD 플레이어, 크레파스, 활동지

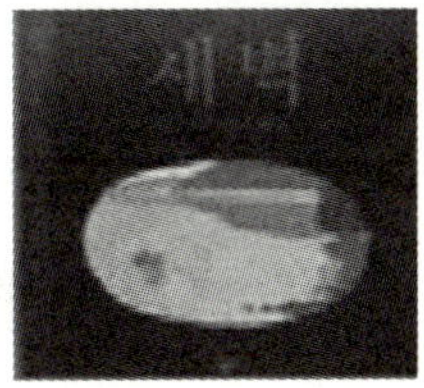
읽어 보아요

### 활동방법

① 그림책 『새벽』을 본다.

- 교사가 그림책을 보여 준다.
- 『새벽』을 읽은 후의 느낌이나 기억에 남는 장면을 이야기한다.
  - 새벽이 밝아 오는 모습을 보니 어떤 느낌이니?
  - 호수에 비친 풍경을 보니 어떤 기분이 드니?
    (조용하고 부드러워요. 행복을 느끼게 하는 것 같아요.)
  - 친구들이 말한 느낌을 "평화롭다."라고 말할 수 있단다.
  - 우리들은 언제 평화를 느낄 수 있나요?
    (사랑하는 가족과 함께 있을 때, 동생과 사이좋게 지낼 때)
  - 우리 교실에서 평화를 찾아볼 수 있니?
    (친구와 사이좋게 놀 때, 서로 도와줄 때 등)
  - 평화가 멈추는 때는 언제니? (친구와 싸울 때, 때릴 때)

② 음악을 들으며 명상을 한다.

- 명상 자세로 앉아 숨을 천천히 들이마시고 잠시 멈추었다가 오므린 입술을 통해서 천천히 숨을 내보낸다(호흡조절을 하며 감정이완과 감정이입하기).
  - 음악과 함께 동화 속으로 들어가 보자.
    (조용하다. 고요하다. 싸늘하고 축축하다.)
    (호숫가 나무 아래 할아버지와 손자가 담요 속에서 웅크리고 잠자고 있어요.)
    (달빛은 바위와 나뭇가지를 비추고, 나뭇잎 위로 부서져요.)

(아무것도 움직이지 않아요. 실바람 호수가 살며시 몸을 떨어요.)

(느릿하고 나른하게 물안개가 피어 오르고 새가 지저귀고 있어요.)

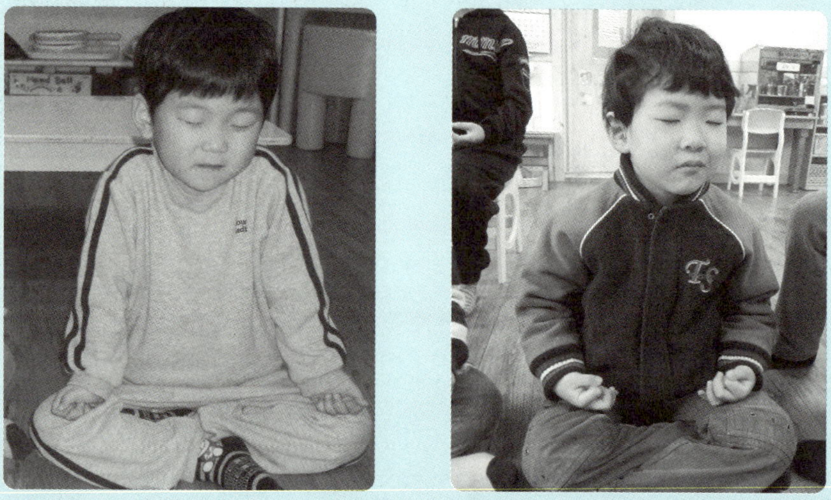

음악을 들으며 명상하기

- 감았던 눈을 뜨고 목과 어깨 등 몸을 천천히 오른쪽, 왼쪽으로 돌려 준다.
- 그림책 속 장면을 떠올리며 어떤 생각과 느낌이 들었는지 이야기를 나눈다.
  - 어떤 장면에 들어갔을 때 가장 기분이 좋았니?
  - 왜 그렇게 느꼈니?
- 명상을 한 후 머릿속에 떠오르는 평화로운 장면에 대해 이야기 나눈다.

③ 유아들이 생각하는 평화로운 느낌을 그림으로 표현해 본다(평화로운 마음 표현하기).

예) 새벽의 느낌, 장면, 색깔, 기분 등

평화로운 느낌을 그림으로 표현해 보기

## 2) 내 마음에도 평화가 있어요

**생활주제** 나

**대상연령** 만 3~5세

**활동명** 내 마음에도 평화가 있어요

**활동유형**
- 이야기 나누기: 대집단
- 조형 활동: 개별
- 감각적 활동(명상, 신체활동): 대집단

**활동목표** 영성(평화)

- 평화의 개념 이해
  - 마음의 평화로움을 느낀다.
  - 명상을 통해 평화로움을 인식한다.

**교육과정 관련 요소**

- 유치원 교육과정
  - 사회생활: 나를 알고 사랑하기–나의 감정 알고 조절하기
  - 표현생활: 예술적 표현 즐기기–움직임과 춤으로 표현하기

- 표준 보육과정
  - 사회관계: 정서인식과 조절-자신과 다른 사람의 여러 가지 정서를 인식하고 표현하기
  - 예술경험: 예술적 표현-춤으로 표현하기

## 활동자료

『새벽』 그림책, 명상 음악, CD 플레이어, 종이테이프, 크레파스, 활동지

읽어 보아요

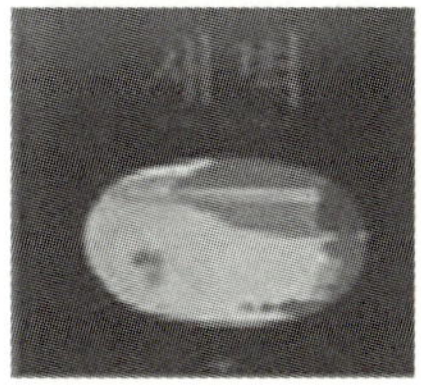


## 활동방법

① 그림책 『새벽』을 본다.

- 교사가 그림책을 보여 준다.
- 『새벽』을 읽은 후의 느낌이나 기억에 남는 장면을 이야기한다.

② 동화 속 장면을 몸으로 표현해 본다.

- 음악을 들은 후 느낌을 이야기한다.
  - 이 음악을 들으니 어떤 느낌이 드니?
  - 기분이 어때?
- 음악과 함께 동화 속으로 들어가 몸으로 표현해 본다.
  - 호숫가 나무 아래 할아버지와 손자가 담요 속에서 웅크리고 잠자고 있어요.
  - 달빛은 바위와 나뭇가지를 비추고, 나뭇잎 위로 부서져요.
  - 아무것도 움직이지 않아요. 실바람 호수가 살며시 몸을 떨어요.

그림책 속의 장면을 몸으로 표현해 보기 1

그림책 속의 장면을 몸으로 표현해 보기 2

- 신체표현을 한 후 느낌을 이야기한다.
  - 어떤 장면을 표현했을 때 기분이 좋았니?
  - 할아버지와 손자가 가는 곳은 어디일까?(평화로운 세상 상상하기)
  - 우리 친구들도 평화로운 세상으로 함께 걸어가 보자(선을 따라 걷기).

평화를 인식하며 선 따라 걷기 1

평화를 인식하며 선 따라 걷기 2

- 우리 친구들이 생각하는 평화로운 세상을 표현해 보자(평화로운 마음 표현하기).

평화로운 세상을 몸으로 표현하기

평화로운 세상을 그림으로 표현하기

## 확장활동

- 내 기분은? (상황카드)
  - 긍정적인 마음의 얼굴과 부정적인 마음의 얼굴을 만든다.
  - 평화로움에 관련된 그림 자료와 평화롭지 못한 상황에 관련된 그림 자료를 보여 준다.
  - 그림 자료를 보며 마음과 얼굴을 선택하고, 선택한 것에 대한 이유와 경험을 이야기 나눈다.

# 3) 터널을 통과해요

**생활주제** 유치원(어린이집)과 친구

**대상연령** 만 3~5세

**활동명** 터널을 통과해요

**활동유형**
- 이야기 나누기: 대집단
- 감각적 활동(신체활동, 명상): 대집단

**활동목표** 영성(평화)

- 놀이를 통한 평화 표현
  - 그림책 속 상황을 탐색하고, 다른 친구의 마음(감정)을 이해하고 존중한다.
  - 놀이를 통해 자기애를 기르고 열린 마음을 가진다.

**교육과정 관련 요소**

- 유치원 교육과정
  - 사회생활: 나를 알고 사랑하기-나를 소중하게 여기기
    가족과 함께 생활하기-가족과 화목하게 지내기
    이웃과 더불어 생활하기-다른 사람을 이해하고 존중하기

- 표준 보육과정
  - 사회관계: 자기존중-자신의 소중함을 알기
    사회적 관계-가족과 화목하게 지내기
    또래와 사이좋게 지내기

## 활동자료

『터널』 그림책, 명상 음악, CD 플레이어, 크레파스, 활동지

읽어 보아요

## 활동방법

① 그림책 『터널』을 본다.

- 교사가 그림책을 보여 준다.
- 『터널』을 읽은 후의 느낌이나 기억에 남는 장면을 이야기한다.
  - 로즈와 오빠는 어떤 기분일까? (마음 들여다보기)
  - 로즈와 오빠의 마음을 색깔로 표현한다면 어떤 색일까?
  - 로즈와 오빠는 왜 다투었을까? (갈등의 원인 알아보기)

로즈의 마음 들여다보기
(색깔로 마음을 표현한다면)

- 서로 다른 것을 좋아한다는 건 어떤 것일까? (서로 다른 점 존중해 주기)
- 친구들 모두 잘하는 것과 좋아하는 것이 달라요.
(운동을 잘하는 친구, 노래를 잘 부르는 친구, 그림을 잘 그리는 친구 등)

② 내가 좋아하는 것, 잘하는 것을 생각해 본 후 놀이(터널)를 통해 이야기한다(자기애 키우기).

친구와 같이 터널 통과 놀이하기 1

친구와 같이 터널 통과 놀이하기 2

③ 로즈와 오빠가 사이좋게 지낼 수 있는 다양한 방법에 대해 이야기 나누고 서로의 생각을 나누어 본다(타인과의 갈등을 평화롭게 해결하는 방법 익히기).

- 동생이 잘 하는것을 같이할 수 있어요(오빠가 좋아하는 공놀이를함께 해요.).
- 내가 하고 싶은 것을 동생에게 이야기하고 같이 하자고 물어볼 수 있어요.

④ 음악과 함께 동화 속으로 들어가 본다.

- 동생은 차갑고 딱딱한 돌을 와락 껴안고 울었어요.
- 그러자 돌은 조금씩 색깔이 변하면서 부드럽고 따스해졌어요.
- 돌이 조금씩 아주 조금씩 움직이더니 어느새 오빠로 바뀌었어요.
- 로즈는 오빠를 보고 웃었어요.
- 오빠도 로즈를 보고 웃었어요.
- 오빠와 로즈의 마음은 웃음으로 가득하고 평화로워집니다.

## 확장활동

- 너와 나(역할놀이)
  - 로즈와 오빠의 역할을 맡고, 서로의 기분을 표현하는 역할놀이를 한다.
  - 로즈와 오빠의 입장을 바꾸어 역할놀이를 한다.
  - 역할을 바꾼 후 서로의 기분, 느낌을 이야기 나눈다.

# 4) 좋은 마음을 나누어요

**생활주제** 유치원(어린이집)과 친구

**대상연령** 만 3~5세

**활동명** 좋은 마음을 나누어요

**활동유형**
- 이야기 나누기: 대집단
- 감각적 활동(명상, 신체활동): 대집단

**활동목표** 영성(평화)

- 놀이를 통한 평화 표현
  - 다른 친구의 마음(감정)을 이해하고 긍정적인 관계를 형성한다.
  - 놀이를 통한 평화표현을 경험해 보고 갈등상황을 평화롭게 해결하는 방법을 익힌다.

**교육과정 관련 요소**

- 유치원 교육과정
  - 언어생활: 말하기-생각과 느낌 말하기
  - 사회생활: 이웃과 더불어 생활하기-다른 사람을 이해하고 존중하기

- 표준 보육과정
  - 사회관계: 사회적 관계-또래와 사이좋게 지내기
  - 의사소통: 말하기-상황에 맞는 언어 사용하기

### 활동자료

『터널』 그림책, 명상 음악, CD 플레이어, 크레파스, 활동지

읽어 보아요

### 활동방법

① 그림책 『터널』을 본다.

- 교사가 그림책을 보여 준다.
- 『터널』을 읽은 후의 느낌이나 기억에 남는 장면을 이야기한다.

② 음악을 들으며 명상을 한다.

- 명상 자세로 앉아 숨을 천천히 들이마시고 잠시 멈추었다가 오므린 입술을 통해서 천천히 숨을 내보낸다(호흡조절을 하며 감정이완과 감정이입하기).
  - 음악과 함께 동화 속으로 들어가 보자.

③ 그림책의 이야기와 비슷한 경험을 한 적이 있는지 이야기를 나누어 본다.

- 언니, 오빠, 동생(친구)과 다투었을 때 마음이 어땠니? (자신의 마음 들여다보기)
- 언니, 오빠, 동생(친구)의 마음은 어떨까? (타인의 마음 이해하기)
- 친구들과 사이좋게 지낼 때의 마음은 어때? 친구들과 사이좋게 지내려면 어떻게 하면 좋을까? (타인과의 갈등을 평화롭게 해결하는 방안 찾기)

④ 나의 기분이 좋아지는 말, 친구들과 좋은 마음을 공유할 수 있는 말을 모아 '평화 낱말카드'를 만든다.

- 기차가 되어 터널을 통과한다.

기차가 되어 터널 통과하기 1

기차가 되어 터널 통과하기 2

- 친구에게 좋은 말을 속삭이고 '평화 낱말카드'를 주며 안아 준다(마음 나누기).
  - "사랑해." "넌 참 멋져." "부탁해." "우리 사이좋게 지내자." "널 좋아해." "같이 나눠 쓰자." "내가 도와줄게." "부탁해." "같이 놀자." "같이 먹자."

만나는 친구에게 평화 낱말카드 나누어 주기
(마음 나누기)

터널을 통과하며 안아 주기

⑤ 터널을 통과하며 친구와 함께 좋은 마음(말)을 주고받았던 기분을 색으로 표현해 본다.

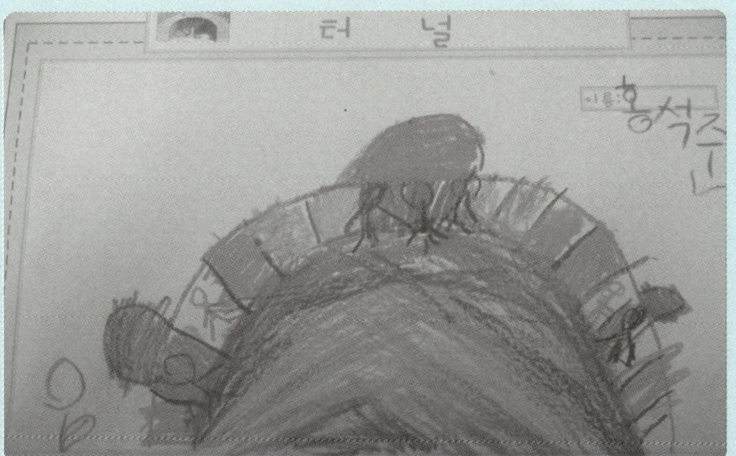


그림으로 평화로운 마음 표현하기 1

그림으로 평화로운 마음 표현하기 2

## 확장활동

- 단어게임
  - 유아를 두 팀으로 나눈다.
  - 친구하면 떠오르는 단어에 대해 이야기를 나누고 신문이나 잡지 등에서 해당 단어를 찾아 붙인다.
  - 찾은 단어들을 살펴보고 친구에게 하고 싶었던 말(단어)을 전한다.

# 5) 마음을 보았니?

**생활주제** 유치원(어린이집)과 친구

**대상연령** 만 3~5세

**활동명** 마음을 보았니?

**활동유형**
- 이야기 나누기: 대집단
- 감각적 활동(명상, 신체활동): 대집단
- 조형 활동: 대집단

**활동목표** 영성(평화)

- 자신의 감정을 인식하여 적절하게 표현하는 방법을 알아본다.
- 다른 사람의 마음을 알고 이해하여, 갈등상황을 해결할 수 있는 방법을 알아본다.

**교육과정 관련 요소**

- 유치원 교육과정
  - 표현생활: 예술적 표현 즐기기-조형 활동으로 표현하기
  - 사회생활: 나를 알고 사랑하기-나의 감정 알고 조절하기

- 표준 보육과정
  - 사회관계: 사회적 관계-또래와 사이좋게 지내기
  - 예술경험: 예술적 표현-미술활동 즐기기

### 활동자료

『마음을 보았니?』 그림책, 명상 음악, CD 플레이어, 밀가루, 따뜻한 물, 전지, 물감

읽어 보아요

### 활동방법

① 그림책 『마음을 보았니?』를 본다.

- 교사가 그림책을 보여 준다.
- 『마음을 보았니?』를 읽은 후의 느낌이나 기억에 남는 장면을 이야기한다.

② 음악을 들으며 명상을 한다.

- 명상 자세로 앉아 숨을 천천히 들이마시고 잠시 멈추었다가 오므린 입술을 통해서 천천히 숨을 내보낸다(호흡조절을 하며 감정이완과 감정이입하기).
- 음악과 함께 동화 속으로 들어가 본다.
  - 마음이 날아가는 것을 보았니?
  - 파란 하늘을 나는 새들을 따라 훨훨 마음이 뛰어가는 것을 보았니?
  - 숲 속에서 보물찾기 하는 산토끼처럼 깡충깡충 마음이 우는 것을 보았니?
  - 나 혼자 모퉁이에서 훌쩍훌쩍 마음이 우는 것을 보았니?
  - 꼭꼭 숨어라, 무지개 마음 보인다. 아이 마음이 엄마 마음을 찾아 까르르까르르, 너도 마음을 보았니?
- 그림책 속 장면을 떠올리며 마음에 대해 이야기 나눈다.
  - 마음이란 무엇일까?
  - 친구들의 마음이 날아갈 것 같은 때는 어떤 기분일까?

- 마음이 웃을 때는 어떤 기분일까?
- 오늘 친구들의 기분은 어때?(마음 들여다보기)
- 나의 기분을 색깔로 표현한다면 어떤 색이 생각나니?(마음 공유하기)

③ 밀가루로 색깔을 만들어 본다(마음 표현하기).

- 밀가루에 따뜻한 물을 넣어 저어서 밀가루풀을 만들어 본다.
- 나의 기분을 색깔로 표현하여 물감을 넣어 본다.
- 친구들과 함께 내 마음의 색깔을 표현해 본다.

밀가루풀로 마음 표현하기

내 마음은 무슨 색일까?

웃는 마음
(무지개 마음이 보인다)

- 친구들은 마음이 푹 가라앉는 것을 경험해 본 적이 있나요? 친구들의 마음이 우는 것을 본 적 있나요?

  (친구들과 다퉜을 때, 엄마에게 야단 맞았을 때, 동생과 싸웠을 때 등)

- 마음이 울고 있을 때 어떻게 하면 무지개 마음이 될 수 있을까? (갈등해결방법 발견)

  (친구랑 같이 놀아 줘요. 재미난 이야기를 해 줘요. 양보해 주어요.)

- 무지개 마음을 가진 친구들은 모든 친구들과 함께 마음을 나누어 볼까요?

● 활동을 마무리하고 서로의 기분을 이야기 나눈다.

④ 명상을 한다(마음 들여다보기).

- 허리를 곧게 펴고 두 손을 배 위에 올려놓으세요.

  두 눈을 감고 마음속으로 들어가 봅니다.

  두근두근 마음이 보입니다.

  깡충깡충 파란 마음, 무지개 웃는 마음, 친구들의 마음은 평화롭습니다.

  평화로운 마음이 온몸으로 퍼져 행복이 가득해집니다.

### 확장활동

● 내 마음은? (종이죽 던지기)

- 깡충깡충 토끼 같은 마음, 웃는 마음, 날아가는 마음 등 마음을 색깔로 표현해 종이죽을 만든다.
- 종이죽을 벽에 던져 본다.

## 6) 사랑해, 친구야!

**생활주제** 유치원(어린이집)과 친구

**대상연령** 만 3~5세

**활동명** 사랑해, 친구야!

**활동유형**
- 이야기 나누기: 대집단
- 감각적 활동(명상, 신체활동): 대집단

**활동목표** 영성

- 갈등해결방법의 발견
  - 다른 사람의 기분이 나와 다를 수 있음을 알고, 남을 배려하고 도와줄 수 있는 마음을 기른다.
  - 마음을 나누고 공유하여 적절한 방법으로 갈등을 해결한다.

**교육과정 관련 요소**

- 유치원 교육과정
  - 사회생활: 나를 알고 사랑하기 - 나의 감정 알고 조절하기

- 표준 보육과정
  - 사회관계: 정서인식과 조절 - 자신과 다른 사람의 여러 가지 정서를 인식

하고 표현하기

- 자신의 정서를 조절하고 활용하기

## 활동자료

『마음을 보았니?』 그림책, 명상 음악, CD 플레이어, 천

읽어 보아요

## 활동방법

① 그림책 『마음을 보았니?』를 본다.

- 교사가 그림책을 보여 준다.
- 『마음을 보았니?』를 읽은 후의 느낌이나 기억에 남는 장면을 이야기한다.

② 음악을 들으며 명상을 한다.

- 명상 자세로 앉아 숨을 천천히 들이마시고 잠시 멈추었다가 오므린 입술을 통해서 천천히 숨을 내보낸다(호흡조절을 하며 감정이완과 감정이입하기).
- 음악과 함께 동화 속으로 들어가 본다.
  - 마음이 날아가는 것을 보았니?
  - 파란 하늘을 나는 새들을 따라 훨훨 마음이 뛰어가는 것을 보았니?
  - 숲 속에서 보물찾기 하는 산토끼처럼 깡총깡총 마음이 우는 것을 보았니?
  - 나 혼자 모퉁이에서 훌쩍훌쩍 마음이 우는 것을 보았니?
  - 꼭꼭 숨어라, 무지개 마음 보인다. 아이 마음이 엄마 마음을 찾아 까르르까르르, 너도 마음을 보았니?
- 감은 눈을 뜨고 오늘 나의 마음에 대해 이야기 나누고 내 마음을 신체표현해 본다.

깡충깡충 토끼 마음 몸으로 표현하기

③ 마음을 표현하는 색깔 찾아본다(마음 들여다보기).

- 오늘의 기분(마음)을 색으로 표현해 본다(마음 들여다보기).
  - 화가 났을 때에는 어떤 색이 생각나니?
  - 기분이 좋을 때는 어떤 색으로 표현할 수 있을까?

마음속 색깔과 같은 천에 들어가기 1

마음속 색깔과 같은 천에 들어가기 2

- 마음을 색깔로 표현해 마음속 색깔과 같은 천 안으로 들어간다.
  (깡충깡충 뛰는 마음- 파란 천, 화난 마음- 빨간 천 등)
  - 빨간 마음(화가 난 유아) 친구들이 어떻게 하면 기분이 좋아질 수 있을까? (갈등해결방법 발견)
    (시원한 바람을 불어 주어요. 어깨를 주물러 줄 거예요. 뽀뽀해 줄 거예요.)
  - 파란 마음 친구들은 깡충깡충 즐거운 마음을 친구들에게 어떤 방법으로 나누어 줄 수 있을까? (마음 공유하고 나누기)
- 활동을 마무리하고 서로의 기분을 이야기 나눈다.
  - 이제 빨간 마음 친구들은 기분이 어때요?

④ 명상을 한다(마음 들여다보기).
- 허리를 곧게 펴고 두 손을 배 위에 올려놓으세요.
- 두 눈을 감고 마음속으로 들어가 봅니다.
- 두근두근 마음이 보입니다.
- 깡충깡충 파란 마음, 무지개 웃는 마음, 친구들의 마음은 평화롭습니다.
- 평화로운 마음이 온 몸으로 퍼져 행복이 가득해집니다.

# 7) 함께 돕는 친구

**생활주제** 유치원(어린이집)과 친구

**대상연령** 만 3~5세

**활동명** 함께 돕는 친구

**활동유형**
- 이야기 나누기: 대집단
- 감각적 활동(명상, 협동게임): 대집단

**활동목표** 영성(조화)

- 교실활동을 통한 조화로운 체험
  - 친구의 소중함을 안다.
  - 다른 친구들과의 협력을 통하여 유대감을 가지고 서로 긍정적인 관계를 형성한다.
  - 조화로운 사회적 관계를 형성하여 내면의 평화로움을 누릴 수 있다.

**교육과정 관련 요소**

- 유치원 교육과정
  - 건강생활: 건강하게 생활하기-즐겁게 생활하기
  - 사회생활: 이웃과 더불어 생활하기-두레의 소중함을 알고 협력하기

- 표준 보육과정
  - 신체활동: 신체활동 참여-자발적으로 신체활동에 참여하기
  - 사회관계: 정서인식과 조절-공동체 정신 기르기

## 활동자료

『우리는 친구』 그림책, 명상 음악, CD 플레이어, 풍선, 매직, 보자기

읽어 보아요

## 활동방법

① 그림책 『우리는 친구』를 본다.

- 교사가 그림책을 보여 준다.
- 『우리는 친구』를 읽은 후의 느낌이나 기억에 남는 장면을 이야기한다.
  - 고릴라는 왜 외로웠을까? 친구들도 고릴라처럼 외로웠던 적이 있니? (마음 들여다보기)
  - 고릴라와 예쁜이는 어떻게 친구가 될 수 있었을까? (서로 다른 점 존중하기)
  - 두 친구의 행복은 어디에서 왔을까? (긍정적인 관계 형성하기)
  - 만약 함께할 친구가 없다면 어떤 마음일까?

② 풍선을 나누어 준다.

- 풍선을 불어 친구에게 전하고 싶은 마음을 표현한다.
  - 풍선에는 어떤 마음이 들어 있니?
  - 좋은 마음은 어떻게 전하면 좋을까?

마음 나누기

③ 풍선에 담긴 마음을 친구에게 전한다.

- 큰 보자기 안에 풍선을 넣어 보자기가 구겨지지 않게 풍선을 옮겨 보자(공동협력하기).
- 우리의 좋은 마음을 친구에게 소중하게 전해 보자.
  (1명, 3명, 4명 옮기기-한 명의 유아가 세 가지 방법으로 풍선을 옮겨 본다.)
- 보자기 안에 담긴 친구들의 마음을 잘 전하려면 어떻게 하는 것이 좋았니?

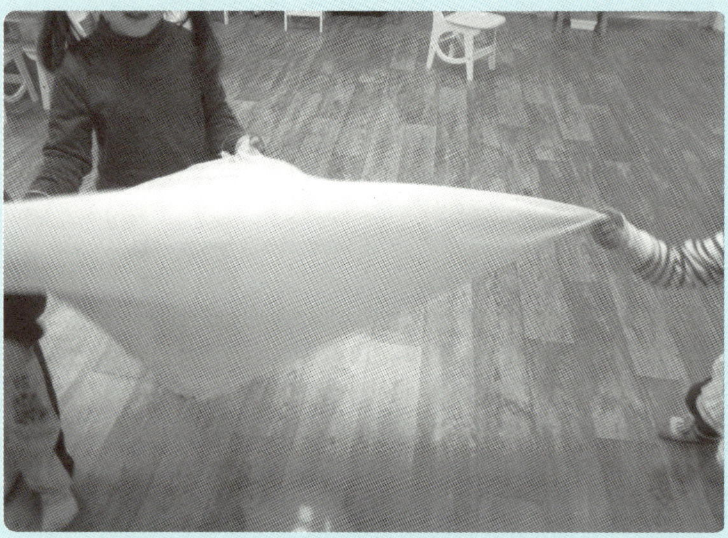

3명의 친구와 함께 풍선 옮기기

4명의 친구와 함께 풍선 옮기기

- 활동한 후 친구들과 서로의 느낌을 이야기 나눈다.

④ 명상을 한다.

- 허리를 곧게 펴세요.

  눈을 감고 동화 속으로 들어가 봅니다.

  어느 동물원에 고릴라가 살고 있었어요.

  고릴라는 슬펐어요.

  사람들은 고릴라에게 '예쁜이'라는 작은 고양이를 주었어요.

  고릴라는 예쁜이가 마음에 들었어요.

  고릴라는 예쁜이에게 우유도 주고, 꿀도 주었어요.

  둘은 정말 행복했어요.

  우리의 마음도 행복해집니다.

## 확장활동

- 누구일까요?
  - 우리 반 친구들의 이름과 사진을 보며 융판에 붙인다.
  - 교사가 한 명의 유아에 대한 수수께끼를 낸다(신체적 특징이나 잘하는 것 등).
  - 수수께끼를 맞힌 유아가 자신이 소개하고 싶은 특별한 친구에 대해 다시 수수께끼를 낸다. 이런 식으로 우리 반 친구들의 특징, 좋은 점, 잘하는 것 등을 알아본다.

## 8) 행복 배달원

**생활주제** 유치원(어린이집)과 친구

**대상연령** 만 3~5세

**활동명** 행복 배달원

**활동유형**
- 이야기 나누기: 대집단
- 감각적 활동(명상): 대집단
- 언어활동(편지 쓰기): 개별

**활동목표** 영성(조화)

- 교실활동을 통한 조화로운 체험
  - 비밀친구를 통해 서로가 느꼈던 좋은 마음을 전하고 표현한다.
  - 서로의 마음을 공유하고 좋은 사람과 관계를 맺어, 즐거운 마음(평화)을 가진다.
  - 공동체 속에서 열린 마음으로 대화를 나누고 사랑하는 방법을 배워, 평화로움을 인식하고 학습한다.

**교육과정 관련 요소**

- 유치원 교육과정
  - 언어생활: 쓰기-쓰기에 관심 가지기

- 사회생활: 이웃과 더불어 생활하기 – 예절 바르게 생활하기

- 표준 보육과정
  - 기본생활: 바른생활 – 예절 바르게 생활하기
  - 의사소통: 쓰기 – 자신의 느낌, 생각, 경험, 쓰기에 흥미 가지기

## 활동자료

『우리는 친구』 그림책, 명상 음악, CD 플레이어, 부직포, 리본 끈, 편지지, 연필

읽어 보아요

## 활동방법

① 그림책 『우리는 친구』를 본다.

- 교사가 그림책을 보여 준다.
- 『우리는 친구』를 읽은 후의 느낌이나 기억에 남는 장면을 이야기한다.
  - 그림책 속의 고릴라와 예쁜이처럼 마음이 통하는 소중한 친구가 있니?
  - 우리 교실에는 어떤 친구들이 있니? 모두가 좋은 마음으로 잘 지내고 있니?
  - 친하고 싶었지만 마음을 전할 수 없었던 친구들이 있었니?
  - 어떻게 하면 친해질 수 있을까?

② 음악을 들으며 명상을 한다.

- 명상 자세로 앉아 숨을 천천히 들이마시고 잠시 멈추었다가 오므린 입술을 통해서 천천히 숨을 내보낸다(호흡조절을 하며 감정이완과 감정이입하기)
  - 음악과 함께 동화 속으로 들어가 보자.

③ 비밀 주머니를 만들어 본다.

- 마음을 전할 수 있는 주머니를 만든다.

친구에게 사과할 일, 미안했던 일을 적어 비행기 만들기

④ '행복한 편지' 활동을 한다(마음 나누기).

- 친구의 이름이 적힌 종이를 뽑는다.
- 뽑은 친구의 비밀친구가 되어 친구를 몰래 도와주거나 칭찬해 주고, 평소 친구에게 하고 싶었던 말이나 선물(만든 것 혹은 그린 것)을 전해 마음을 나눈다(1주간 실시).

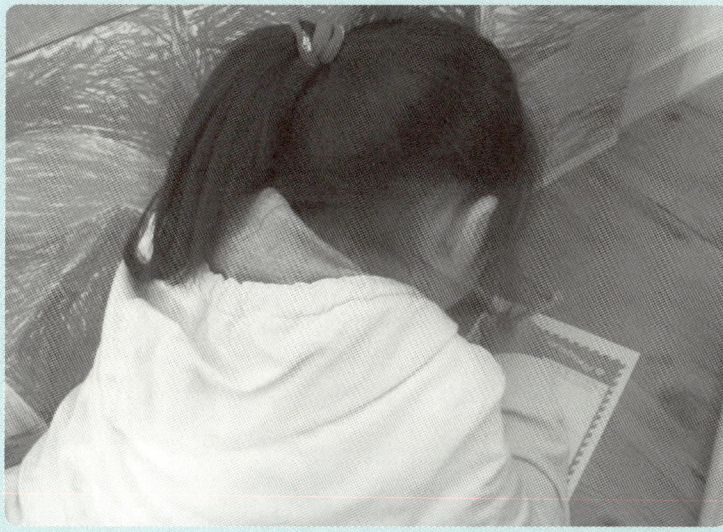

친구에게 하고 싶은 말 편지로 쓰기

행복한 편지통

⑤ 활동한 후 도움을 준 친구의 마음과 도움을 받았던 친구의 마음, 서로의 마음(기분)을 이야기 나눈다(타인에 대한 배려).

- 비밀친구를 도와준 적이 있니? 친구를 도와주었을 때(도움을 받았을 때) 기분이 어땠니?
- 친구에게 칭찬을 받으니 기분이 어땠니?

## 확장활동

● 날아라 비행기

- 사랑하는 친구에게 편지를 쓰고 무지개 종이비행기를 접어 날려 본다.
- 친구에게 사과할 일, 미안했던 일 등을 적어 종이비행기를 날려 본다.

# 9) 특별한 내 친구

**생활주제** 유치원(어린이집)과 친구

**대상연령** 만 3~5세

**활동명** 특별한 내 친구

**활동유형**
- 이야기 나누기: 대집단
- 감각적 활동(명상, 장애인 체험): 대집단

**활동목표** 영성(조화)

- 조화의 표현
  - 나와 다른 모습의 사람들에 대해 수용적인 태도를 갖는다.
  - 다른 사람들과 자기 사랑을 나눌 수 있는 기회를 갖는다.

**교육과정 관련 요소**

- 유치원 교육과정
  - 사회생활: 이웃과 더불어 생활하기-예절 바르게 생활하기

- 표준 보육과정
  - 사회관계: 사회적 관계-공동체 정신 기르기

## 활동자료

『수영장에 간 조세핀』 그림책, 명상 음악,
CD 플레이어, 안대

읽어 보아요

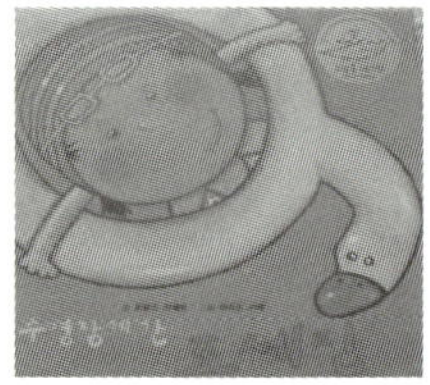

## 활동방법

① 그림책 『수영장에 간 조세핀』을 본다.

- 교사가 그림책을 보여 준다.
- 『수영장에 간 조세핀』를 읽은 후의 느낌이나 기억에 남는 장면을 이야기한다.

② 음악을 들으며 명상을 한다.

- 명상 자세로 앉아 숨을 천천히 들이마시고 잠시 멈추었다가 오므린 입술을 통해서 천천히 숨을 내보낸다(호흡조절을 하며 감정이완과 감정이입하기).
- 음악과 함께 동화 속으로 들어가 본다.
  - 나는 수영장에 가는 걸 무척 좋아해요.
  - 수영장에서 가장 마음에 드는 건, 물속에서는 모두가 똑같다는 거예요.
  - 휠체어는 나와 어디든지 함께 간답니다. 물속만 빼고요.
- 감았던 눈을 뜨고 목과 어깨 등 몸을 천천히 오른쪽, 왼쪽으로 돌려 준다.
- 명상을 후 머릿속에 떠오르는 장면에 대해 이야기 나눈다.
  - 나와 조세핀은 어떤 점이 다를까?
  - 나와 같은 점은 무엇일까?(나와 다른 친구를 존중하고 조화롭게 생활하기)

③ 장애 체험을 해 본다(다른 사람 이해하기).

- 안대를 하고 교실을 걸어 다닌다.
- 친구의 도움을 받으며 다시 교실을 걸어 본다.
  - 눈이 보이지 않았을 때의 기분이 어땠니? 크레파스를 잘 찾아올 수 있었니?
  - 친구가 손을 잡아 주었을 때는 기분이 어땠니? 친구가 도와주어 물건을 찾았을 때는 어떤 마음이 들었니?
  - 장애인 친구를 도와주었을 때 기분은 어땠니? (도움을 주었을 때의 마음 느껴보기)

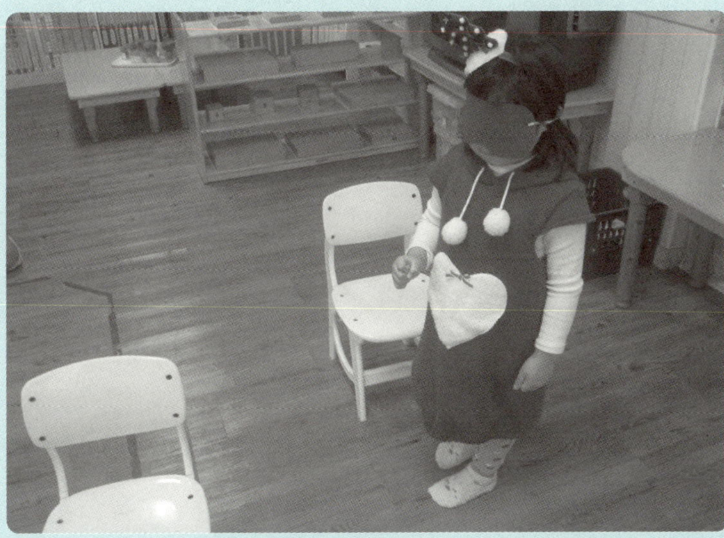

장애 체험하기

도움을 주었을 때와 받았을 때의 마음 느껴 보기

- 장애를 가진 친구들을 불쌍해하거나 놀려서는 안 된다는 것을 알고, 서로 도우며 조화롭게 생활할 수 있는 방법을 토의해 본다.

# 10) 친구를 찾아요

**생활주제** 유치원(어린이집)과 친구

**대상연령** 만 3~5세

**활동명** 친구를 찾아요

**활동유형**
- 이야기 나누기: 대집단
- 감각적 활동(명상, 신체활동): 대집단
- 언어활동: 개별

**활동목표** 영성(조화)

- 조화의 표현
  - 하나의 공동체임을 인식하여 조화롭게 생활한다.
  - 사려 깊은 행동을 하도록 촉진시켜, 친구들에게 친절하고 상냥하게 대한다.

**교육과정 관련 요소**

- 유치원 교육과정
  - 언어생활: 말하기-생각과 느낌 말하기
  - 사회생활: 이웃과 더불어 생활하기-다른 사람을 이해하고 존중하기

- 표준 보육과정
  - 기본생활: 건강한 생활 – 적극적으로 활동하기
  - 사회관계: 사회적 관계 – 공동체 정신 기르기
  - 의사소통: 말하기 – 자신의 느낌, 생각, 경험 말하기

## 활동자료

『수영장에 간 조세핀』 그림책, 명상 음악, CD 플레이어, 끈

읽어 보아요

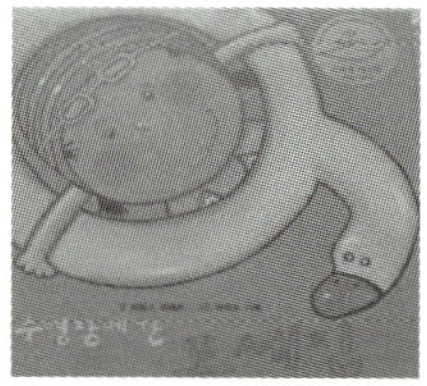

## 활동방법

① 그림책 『수영장에 간 조세핀』을 본다.

- 교사가 그림책을 보여 준다.
- 『수영장에 간 조세핀』을 읽은 후의 느낌이나 기억에 남는 장면을 이야기한다.

② 음악을 들으며 명상을 한다.

- 명상 자세로 앉아 숨을 천천히 들이마시고 잠시 멈추었다가 오므린 입술을 통해서 천천히 숨을 내보낸다(호흡조절을 하며 감정이완과 감정이입하기).
- 음악과 함께 동화 속으로 들어가 본다.
- 그림책 속 장면을 떠올리며 어떤 생각과 느낌이 들었는지 이야기 나눈다.
  - 조세핀은 무엇을 좋아했니? 무엇을 잘했니?
  - 조세핀이 왜 수영을 좋아하게 되었을까?
  - 친구들은 무엇을 좋아하니? 왜 좋아하게 되었니? (서로의 다른 점 이해하기)
- 친구들의 특별한 능력들을 통하여 내가 배울 수 있는 일은 무엇인지 이야기를 나눈다.

③ '사랑의 원 만들기' 활동을 한다(공동체 조화).

- 끈을 길게 연결하여 원을 만든다.
  - 핑크색 옷을 입은 친구는 원 안으로 들어오세요. 태권도를 잘하는 친구는 원 안으로 들어오세요(같은 방법으로 유아들이 원 안으로 들어올 수 있도록 한다.).
  - 검은 머리색을 가진 친구는 들어오세요. (공동체 인식)
  - 끈 안에 들어온 친구들의 얼굴을 보세요. 우리 반 친구들이 모두 모였어요.
  - 옆의 친구를 꼭 한 번 안아 주세요. 뽀뽀해 주세요. 친구의 좋은 점을 하나씩 이야기해 주세요.
- 모두 특별한 능력이 있는 친구라는 점을 인식하고, 친구를 배려하고 존중한다.

사랑의 원 만들기 1

사랑의 원 만들기 2

④ 친구의 좋은 점을 찾아본다(타인 수용하기).

- 친구의 얼굴을 그리고 친구의 좋은 점(잘하는 것)을 이야기한다.

친구의 얼굴을 그리고 친구의 좋은 점 이야기하기

# 11) 용기의 빛

**생활주제** 유치원(어린이집)과 친구

**대상연령** 만 3~5세

**활동명** 용기의 빛

**활동유형**
- 이야기 나누기: 대집단
- 조형 활동: 개별
- 감각적 활동(명상, 신체활동): 대집단

**활동목표** 영성(조화)

- 연대감 인식(공동체)
  - 다른 친구들과의 협력을 통해 내면의 선(善)을 이끌어 낸다.
  - 자기지각을 통해 봉사하고 협조하는 마음을 길러 공동체 의식을 가진다.

**교육과정 관련 요소**

- 유치원 교육과정
  - 언어생활: 말하기-생각과 느낌 말하기
  - 탐구생활: 탐구하는 태도 기르기-탐구과정 즐기기
  - 건강생활: 건강하게 생활하기-즐겁게 생활하기
  - 표현생활: 예술적 표현 즐기기-움직임과 춤으로 표현하기

- 사회생활: 이웃과 더불어 생활하기-두레의 소중함을 알고 협력하기

- 표준 보육과정
  - 기본생활: 건강한 생활-적극적으로 활동하기
  - 신체운동: 신체활동 참여-자발적으로 신체활동에 참여하기
  - 사회관계: 사회적 관계-공동체 정신 기르기
  - 의사소통: 말하기-자신의 느낌, 생각, 경험을 말하기
  - 자연탐구: 탐구적 태도-탐구 과정 즐기기
  - 예술경험: 예술적 표현-미술 활동 즐기기

## 활동자료

『날 좀 도와줘, 무지개 물고기』 그림책, 명상 음악, CD 플레이어, 물고기 모양, 크레파스, 스팡클

읽어 보아요

## 활동방법

① 그림책 『날 좀 도와줘, 무지개 물고기』를 본다.

- 교사가 그림책을 보여 준다.
- 『날 좀 도와줘, 무지개 물고기』를 읽은 후의 느낌이나 기억에 남는 장면을 을 이야기한다.
  - 줄무늬 물고기는 어떤 기분일까? 줄무늬 물고기처럼 다른 친구들이 놀아 주지 않는다면 기분이 어떨까?(마음 들여다보기)
  - 친구들은 왜 줄무늬 물고기와 함께 놀지 않았니?(갈등의 원인 알아보기)
  - 무지개 물고기의 마음은 어땠을까?
  - 친구들이 무지개 물고기라면 어떻게 하고 싶니?

② 무지개 물고기를 만들어 본다.

- 무지개 물고기가 되어 보자.
- 줄무늬 물고기를 도와주려는 마음은 어디에서 왔을까?
  (우리의 마음속에서 나왔어요. - 내면의 선 만나기 )
- 어떻게 하면 줄무늬 물고기를 도와줄 수 있을까? (친구와 협력하기)

무지개 물고기 만들어 보기

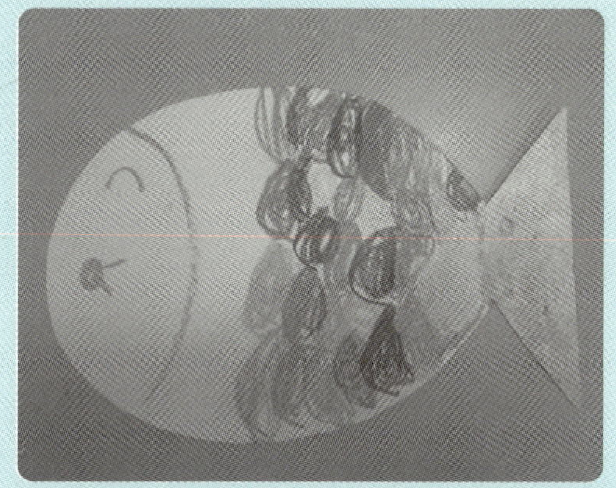

유아가 표현한 무지개 물고기

갈등 상황 표현하기

다른 친구들과 협력하기

내면의 선 만나기(용기)

- 눈을 감고 마음속을 들여다본다.
- 명상 자세로 앉아 숨을 천천히 들이마시고 잠시 멈추었다가 오므린 입술을 통해서 천천히 숨을 내보낸다(호흡조절을 하며 감정이완과 감정이입하기).
  - 무지개 물고기가 줄무늬 물고기를 도와줍니다.
  - 무지개 물고기 마음속에 반짝이는 용기가 보입니다.
  - 천천히 숨을 들이쉬며 공기를 따라 우리의 마음속으로 들어가 봅니다.
  - 우리의 마음속 깊은 곳에 반짝이는 것이 보입니다.
  - 바로 빛나는 용기입니다.
  - 천천히 빛나는 용기를 바라봅니다.
  - 다른 사람을 도와줄 수 있는 씩씩한 마음, 사이좋게 지낼 수 있는 아름다운 마음, 용기는 우리의 마음을 평화롭게 합니다.
- 감았던 눈을 뜨고 목과 어깨 등 몸을 천천히 오른쪽, 왼쪽으로 돌려 준다.
- 활동을 마무리하며 어떤 생각과 느낌이 들었는지 이야기 나눈다.

③ 정의로운 행동(마음속 용기)을 통해 다른 친구와 긍정적인 관계를 형성한다 (좋은 마음 공유하기).

- 교사는 유아에게 스팡클(용기)을 나누어 준다.
  - 선생님이 반짝이는 마음을 나누어 줄 거야. 이건 친구들의 마음속에 들어갈 용기란다.
  - 이제 마음속 용기는 우리가 착한 일을 할 수 있는 힘이 되고, 우리가 착한 일을 할때마다 더 커지고 더 반짝이게 될 거야.

교사가 나누어 준 스팡클을 붙인 유아

교사가 나누어 준 스팡클을 붙인 후 자신의 마음 표현하기

# 12) 평화로운 세상

**생활주제** 친구/여름

**대상연령** 만 3~5세

**활동명** 평화로운 세상

**활동유형**
- 이야기 나누기: 대집단
- 감각적 활동(명상, 동극): 대집단

**활동목표** 영성(조화)

- 연대감 인식(공동체)
  - 타인을 인식하고 문제해결과정을 경험하여 갈등상황을 해결할 수 있는 마음을 기른다.

**교육과정 관련 요소**

- 유치원 교육과정
  - 표현생활: 예술적 표현 즐기기 – 극놀이로 표현하기
  - 사회생활: 이웃과 더불어 생활하기 – 두레의 소중함을 알고 협력하기

- 표준 보육과정
  - 예술경험: 예술적 표현-극놀이로 표현하기
  - 사회관계: 사회적 관계-공동체 정신 기르기

### 활동자료

『날 좀 도와줘, 무지개 물고기』 그림책, 명상 음악, CD 플레이어, 크레파스, 도화지

읽어 보아요

### 활동방법

① 그림책 『날 좀 도와줘, 무지개 물고기』를 본다.

- 교사가 그림책을 보여 준다.
- 『날 좀 도와줘, 무지개 물고기』를 읽은 후의 느낌이나 기억에 남는 장면을 이야기한다.

② 동화 속 장면을 동극으로 표현해 본다.

- 동극을 하기 위해 필요한 것을 알아본다.
- 배경 꾸미기, 역할 정하기(다른 친구와 협력하기 및 의사소통하기).
  - 어떻게 배경을 꾸미면 좋을까?
  - 누가 무지개 물고기 역할을 하면 좋을까? 왜 그렇게 생각하니?
- 동극을 한 후 느낌을 이야기한다.
  - 어떤 장면을 표현했을 때 기분이 좋았니?
  - 줄무늬 물고기가 되었을 때 기분이 어땠니?
  - 만약 줄무늬 물고기처럼 친구들이 함께 놀아 주지 않는다면 어떻게 하면 좋을까?
  - 줄무늬 물고기와 무지개 물고기의 지금 기분은 어떨까?

동극 〈무지개 물고기〉 배경 꾸미기

〈무지개 물고기〉 동극하기

다른 친구들과 협력하기 1

다른 친구들과 협력하기 2

③ 걷기 명상활동을 한다.

- 무지개 물고기가 살고 있는 바닷속 세상은 어떤 곳일까? (평화로운 세상을 상상하기)
- 우리가 살고 있는 곳에서의 평화를 상상해 봅니다.
- 우리 친구들도 평화로운 세상으로 함께 걸어가 보자(선을 따라 걷기).

걷기 명상하기

음악을 들으며 명상하기

## 확장활동

- 예쁜 마음 · 바른 행동(칭찬카드) 카드 만들기
  - 하루 일과에서 친구 돕기, 놀아 주기 등 착한 행동을 보여 준 마음이 예쁜 친구를 찾아 칭찬카드에 이름을 적어 칭찬카드를 모은다.
  - 집에 가기 전 칭찬카드를 열어 예쁜 마음 · 바른 행동을 한 친구를 찾아 고마움을 전한다.

# 13) 어떻게 달라졌을까?

**생활주제** 환경과 생활/계절(가을)

**대상연령** 만 3~5세

**활동명** 어떻게 달라졌을까?

**활동유형**
- 이야기 나누기: 대집단
- 감각적 활동(명상, 신체표현): 대집단

**활동목표** 영성(조화)

- 연대감 인식(자연)
  - 자연의 경이로움을 보며 영적인 인성을 키울 수 있다.
  - 자연과 우리가 하나의 공동체임을 알고 연대감을 가지며 자연을 보호한다.

**교육과정 관련 요소**

- 유치원 교육과정
  - 탐구생활: 과학적 기초능력 기르기-생명체와 자연환경을 소중하게 여기기
  - 건강생활: 건강하게 생활하기-즐겁게 생활하기
  - 표현생활: 예술적 표현 즐기기-움직임과 춤으로 표현하기
  - 사회생활: 이웃과 더불어 생활하기-두레의 소중함을 알고 협력하기

- 표준 보육과정
  - 자연탐구: 과학적 탐구 – 자연현상 이해하기
  - 예술경험: 예술적 표현– 춤으로 표현하기
  - 사회관계: 사회적 관계– 공동체 정신 기르기

### 활동자료

『사계절』 그림책, 명상 음악, CD 플레이어

읽어 보아요

### 활동방법

① 그림책 『사계절』을 본다.

- 교사가 그림책을 보여 준다.
- 『사계절』을 읽은 후의 느낌이나 기억에 남는 장면을 이야기한다.

② 음악을 들으며 명상을 한다.

- 명상 자세로 앉아 숨을 천천히 들이마시고 잠시 멈추었다가 오므린 입술을 통해서 천천히 숨을 내보낸다(호흡조절을 하며 감정이완과 감정이입하기).
- 음악과 함께 동화 속으로 들어가 본다.
  - 봄에는 새들이 둥지를 틀고 돼지가 코로 땅을 파헤치고 새끼 양들이 뛰놀고 오리들이 물장구를 치고 꽃이 핍니다.
  - 여름에는 옥수수가 여물고 방학이 있고 더위가 기승을 부립니다.

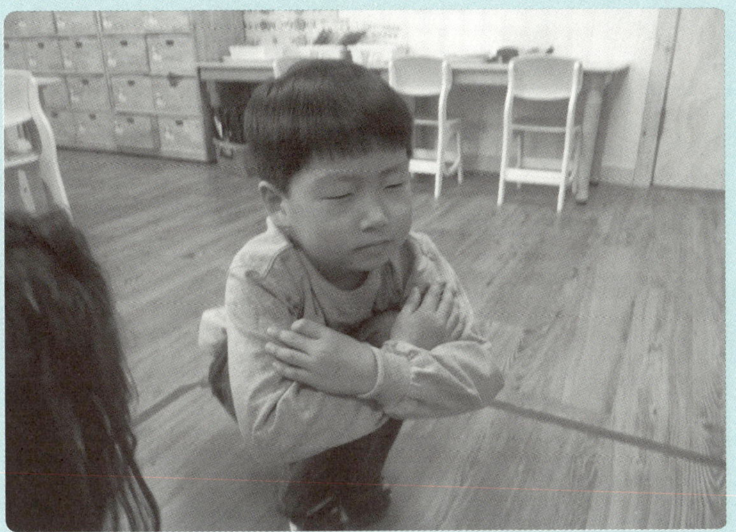

봄의 씨앗을 몸으로 표현하기

겨울 나무를 몸으로 표현하기

- 감았던 눈을 뜨고 목과 어깨 등 몸을 천천히 오른쪽, 왼쪽으로 돌려 준다.
- 그림책 장면을 떠올리며 어떤 생각과 느낌이 들었는지 이야기 나눈다(자연과의 연대감 인식하기).
  - 어떤 장면에 들어갔을 때 기분이 좋았니?
  - 봄(여름, 가을, 겨울)이 되면 우리 주변의 산과 들은 어떤 모습일까?
  - 아름다운 꽃(열매, 낙엽, 나무)을 보면 어떤 기분이 드니?
  - 만약 봄(여름, 가을, 겨울)이 없다면 우리는 어떻게 될까?
- 자연의 아름다움과 경이로움에 감사하고 활동을 마무리한다(자연의 변화와 순환).

④ 걷기 명상을 한다(마음과 자연과의 만남 - 영적 인성의 양육).

- 허리를 곧게 펴고 두 손을 배 위에 올려놓으세요.
  봄이 다가옵니다.
  새싹이 자라나고 꽃이 핍니다.
  내 마음에도 따스함이 다가옵니다.
  겨울이 옵니다.
  눈이 내리고 나무위에는 겨울꽃이 핍니다.
  내 마음에도 하얀 겨울꽃이 핍니다.
  아름다운 사계절은 우리에게 평화로움을 줍니다.

### 확장활동

- 부스럭 부스럭 낙엽(낙엽 밟기)
  - 낙엽을 모아 밟아 보고, 재미있는 모양을 만들어 꾸며 본다.
    예) 낙엽으로 잠자리 만들기

# 14) 무지개 빛깔 자연

**생활주제** 환경과 생활/계절(가을)

**대상연령** 만 3~5세

**활동명** 무지개 빛깔 자연

**활동유형**
- 이야기 나누기: 대집단
- 감각적 활동(명상, 신체표현): 대집단

**활동목표** 영성(조화)

- 연대감 인식(자연)
  - 자연의 변화를 통해 계절의 흐름을 느끼고 자연의 색을 표현해 본다.
  - 자연의 아름다움을 경험하고 계절의 변화에 따른 자연의 이치를 이해한다.

**교육과정 관련 요소**

- 유치원 교육과정
  - 탐구생활: 과학적 기초능력 기르기-자연현상에 대해 알아보기
  - 표현생활: 예술적 표현 즐기기-조형 활동으로 표현하기

- 표준 보육과정
  - 자연탐구: 과학적 탐구-자연현상 이해하기

– 예술경험: 예술적 표현–미술 활동 즐기기

## 활동자료

『사계절』 그림책, 명상 음악, CD 플레이어, 물감, 전지

읽어 보아요

## 활동방법

① 그림책 『사계절』을 본다.

- 교사가 그림책을 보여 준다.
- 『사계절』을 읽은 후의 느낌이나 기억에 남는 장면을 이야기한다.

② 산책 활동을 하며 나무를 관찰하고 나무와 노는 경험을 한다(자연 속으로 산책하기).

- 나무를 안아 보고, 만져 보고, 느껴 보고, 이야기해 본다.
  - 나무와 어떤 이야기를 해 보았니? 나무는 어떤 마음일까?
  - 사람들은 왜 나무를 좋아할까? 우리는 나무에게 어떤 마음을 나눠 줄 수 있을까?
  - 친구들은 어떤 나무를 심어 보고 싶니?

③ 물감으로 사계절 나무를 표현한다(자연의 변화와 순환).

- 봄, 여름, 가을, 겨울의 나무는 어떤 모습일까?
- 봄(여름, 가을, 겨울)의 나무는 어떤 느낌이 드니?
- 우리 친구들은 어떤 계절의 나무를 좋아하니?
- 사계절 나무를 어떤 색으로 표현할 수 있을까?

나무 그리기

사계절 나무 물감 찍기 1

사계절 나무 물감 찍기 2

나무 그림

④ 활동한 후 느낌을 이야기를 나눈다.

- 물감놀이 한 후 기분이 어땠니?
- 나무에게 하고 싶은 말이나 마음을 전해 보자.

## 확장활동

- 꽃 인절미 만들기
  - 우리나라의 사계절에 대해 이야기를 나눈다.
  - 봄, 여름, 가을, 겨울에 피는 꽃에 대해 알아본다.
  - 인절미 표면에 꿀을 발라 꽃잎을 붙인다(화전 만들기).

    (봄: 동백꽃, 진달래꽃, 아카시아꽃, 여름: 금어초, 가을: 국화꽃 등)
  - 아름다운 우리나라의 자연을 소중하게 보전할 수 있는 방법을 알아본다.

# 15) 나무야, 고마워!

**생활주제** 자연/봄

**대상연령** 만 3~5세

**활동명** 나무야, 고마워!

**활동유형**
- 이야기 나누기: 대집단
- 감각적 활동(명상, 신체표현): 대집단
- 식물 키우기: 개별

**활동목표** 영성(책임감)

- 환경에 대한 책임
  - 자연의 질서와 신비를 경험하고 평화로움을 느낀다.
  - 자연이 사람에게 주는 이로움을 이해하고, 자연 보호를 위해 자신이 할 일을 안다.

**교육과정 관련 요소**

- 유치원 교육과정
  - 탐구생활: 과학적 기초능력 기르기-생명체와 자연환경을 소중하게 여기기
  - 표현생활: 예술적 표현 즐기기-움직임과 춤으로 표현하기

- 표준 보육과정
  - 자연탐구: 과학적 탐구–생명체와 환경의 관계 알기
  - 예술경험: 예술적 표현–춤으로 표현하기

## 활동자료

『나무는 좋다』 그림책, 명상 음악, CD 플레이어, 잔디인형

읽어 보아요

## 활동방법

① 그림책 『나무는 좋다』를 본다.

- 교사가 그림책을 보여 준다.
- 『나무는 좋다』를 읽은 후의 느낌이나 기억에 남는 장면을 이야기한다.

② 음악을 들으며 명상을 한다.

- 명상 자세로 앉아 숨을 천천히 들이마시고 잠시 멈추었다가 오므린 입술을 통해서 천천히 숨을 내보낸다(호흡조절을 하며 감정이완과 감정이입하기).
- 음악과 함께 동화 속으로 들어가 본다.
  - 나무는 매우 좋다.
  - 나무는 하늘을 한가득 채운다.
  - 나무는 강가에도 뻗고 계곡 아래로도 뻗는다.
  - 나무는 언덕 위에서도 자란다.
  - 나무는 숲을 이룬다.
- 감았던 눈을 뜨고 목과 어깨 등 몸을 천천히 오른쪽, 왼쪽으로 돌려 준다.
- 그림책 장면을 떠올리며 어떤 생각과 느낌이 들었는지 이야기 나눈다.
  - 어떤 장면에 들어갔을 때 기분이 가장 좋았니?
  - 왜 그렇게 느꼈니?

- 명상을 한 후 머릿속에 떠오르는 나무(자연)에 대해 이야기 나눈다.
  - 나무를 생각하면 어떤 마음(기분)이 드니?
  - 나무에게 어떤 마음을 전하고 싶니? (자연에 감사하기)
  - 만약 내가 나무가 된다면 친구들에게 어떤 나무가 되어 주고 싶니?

③ 식물 키우기(생명체 사랑하기)

- 동화의 내용을 회상하며 식물을 키워 보기로 한다.
  - 식물을 잘 자라게 하려면 무엇이 필요할까?
  - 어떤 이름을 지어 주면 식물의 기분이 좋을까?
  - 어떤 마음(말)으로 식물을 보살피면 식물이 더 잘 자랄 수 있을까?

편하게 쉴 수 있는 집이 되고 싶어요

몸으로 나무 그늘 표현하기

나무그늘을 만들어 줄 거예요

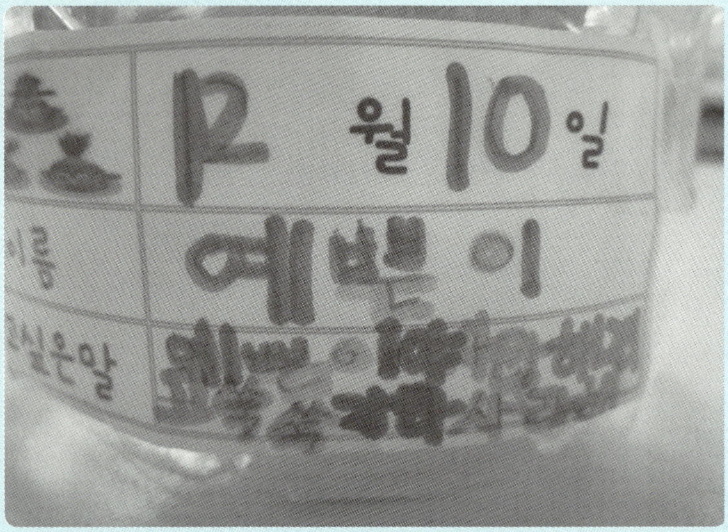


이름 지어 주기

식물 가꾸기 1

식물 가꾸기 2

싹이 났어요

## 확장활동

- 동생을 돌보아요(식물 꾸미기).
  - 식물의 이름을 정해 동생처럼 보살피고 잘 자랄 수 있도록 돌보아 준다.

머리를 묶어 주었어요

# 16) 나무의 마음

**생활주제** 자연/봄

**대상연령** 만 3~5세

**활동명** 나무의 마음

**활동유형**
- 이야기 나누기: 대집단
- 감각적 활동(명상, 신체표현): 대집단
- 조형 활동: 개별

**활동목표** 영성(책임감)

- 자연에 대한 책임
  - 나무의 변화를 통해 계절의 흐름을 느끼고 자연의 색을 표현해 본다.
  - 자연의 아름다움을 경험하고, 계절의 변화에 따른 자연의 이치를 이해한다.

**교육과정 관련 요소**

- 유치원 교육과정
  - 탐구생활: 과학적 기초능력 기르기-생명체와 자연환경 소중하게 여기기
  - 건강생활: 안전하게 생활하기-환경오염이나 재난에 대비하기
  - 표현생활: 예술적 표현 즐기기-움직임과 춤으로 표현하기

- 표준 보육과정
  - 자연탐구: 과학적 탐구-생명체와 환경의 관계 알기
  - 신체운동: 신체운동과 기본운동-조작 운동하기

## 활동방법

『나무는 좋다』 그림책, 명상 음악, CD 플레이어

읽어 보아요

## 활동자료

① 그림책 『나무는 좋다』를 본다.

- 교사가 그림책을 보여 준다.
- 『나무는 좋다』를 읽은 후의 느낌이나 기억에 남는 장면을 이야기한다.

② 음악을 들으며 명상을 한다.

- 명상 자세로 앉아 숨을 천천히 들이마시고 잠시 멈추었다가 오므린 입술을 통해서 천천히 숨을 내보낸다(호흡조절을 하며 감정이완과 감정이입하기).
- 음악과 함께 동화 속으로 들어가 본다.
  - 나무는 매우 좋다.
  - 나무는 하늘을 한가득 채운다.
  - 나무는 강가에도 뻗고 계곡 아래로도 뻗는다.
  - 나무는 언덕 위에서도 자란다.
  - 나무는 숲을 이룬다.
- 감았던 눈을 뜨고 목과 어깨 등 몸을 천천히 오른쪽, 왼쪽으로 돌려 준다.
- 명상을 한 후 머릿속에 떠오르는 나무(자연)에 대해 이야기 나눈다.

③ 나무를 만들어 본다(자연의 아름다움 표현하기).

- 유아들이 생각한 나무를 꾸며 보기로 한다.
  - 어떤 나무가 생각나니? 왜 그렇게 생각했나 요?
- 종이박스를 길게 잘라 나무 모양으로 만든다.
- 색종이를 나뭇잎 모양으로 잘라 붙인다.
- 롤러로 물감을 찍어 나무를 꾸민다.

④ 신체표현을 한다(자연에 대한 책임감).

- 나무에게 사랑의 마음을 보내 준다(사랑의 빛, 마음 보내기).
  - 나무에게 어떤 마음을 보내 주면 나무가 잘 자랄 수 있을까?
  - 나무 친구들은 기분이 어때? (나무의 마음)

나무 꾸미기 1

나무 꾸미기 2

- 활동을 마무리하고 이야기 나눈다.
  - 나무(자연)를 잘 돌보기 위해 우리는 어떤 일들을 할 수 있을까?

## 확장활동

- 우리들의 정원을 꾸며 보아요(협동작품)
  - 『나무』 그림책을 보고 우리만의 정원을 꾸며 보기로 한다.
  - 소그룹으로 나누어 각 그룹이 좋아하는 계절의 나무와 꽃을 정해 그 나무를 꾸며 본다(역할 정하기, 맡은 역할을 수행하며 정원 꾸미기).

# 17) 감정의 비닐 공

**생활주제** 나

**대상연령** 만 3~5세

**활동명** 감정의 비닐 공

**활동유형**
- 이야기 나누기: 대집단
- 감각적 활동(명상, 신체표현): 대집단

**활동목표** 영성(책임감)

- 자기통제력 계발
  - 기분을 긍정적으로 표현하며, 자신의 기분을 조절하고 통제할 수 있는 방법을 알아본다.

**교육과정 관련 요소**

- 유치원 교육과정
  - 사회생활: 나를 알고 사랑하기-나의 감정 알고 조절하기

- 표준 보육과정
  - 사회관계: 정서인식과 조절-자신의 정서를 조절하고 활용하기

### 활동자료

『쏘피가 화나면 정말, 정말 화나면』 그림책,
색종이, 비닐

읽어 보아요

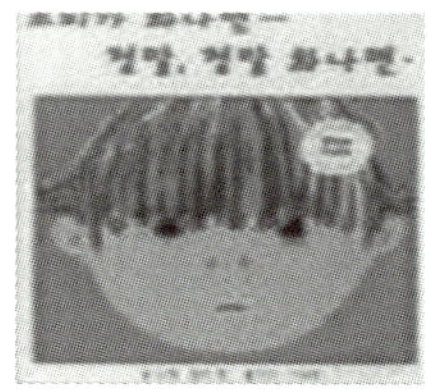


### 활동방법

① 그림책 『쏘피가 화나면 정말, 정말 화나면』을 본다.

- 교사가 그림책을 보여 준다.
- 『쏘피가 화나면 정말, 정말 화나면』을 읽은 후의 느낌이나 기억에 남는 장면을 이야기한다.

② 동화 속 내용과 비슷한 경험을 한 적이 있는지 이야기 나눈다.

- 친구들도 쏘피처럼 화가 나 본 적이 있니? 기분이 어땠니?
- 화가 나면 친구들은 어떻게 하니?
- 화가 나면 어떤 색이 생각나니?
- 화가 나면 어떻게 하면 좋을까?
- 쏘피의 마음을 위로해 준 것은 누구였니?
- 쏘피가 만난 친구(나무, 고사리, 새, 산들바람)들은 쏘피에게 뭐라고 위로해 줬을까?
- 쏘피가 만난 친구들은 어디에서 왔을까? 누가 보내 줬을까? 왜 보내 줬을까?

③ '감정의 비닐 공'을 만들어 본다(자기인식, 마음 관리하기).

- 화가 나면 생각나는 색깔의 색종이를 찢어 비닐에 넣는다.
- 화가 났을 때 하고 싶었던 말이나 기분을 큰 소리로 말한다(화를 줄일 수 있는 방법).
- 화난 감정을 담은 비닐을 크게 불어 공으로 만들어 터트린다.
- 여러 색깔의 비닐 공을 하늘 위로 날리며 감정을 조절하고 해결할 수 있는 방법을 알 수 있도록 한다.

④ 활동한 후 느낌을 이야기 나눈다.

- 감정의 비닐 공을 터트릴 때 기분이 어땠니?
- 화가 나면 어떻게 할 수 있을까?(화를 풀 수 있는 방법)

화가 나면 생각나는 색깔의 색종이를 찢어 비닐에 넣기

화가 났을 때 하고 싶은 말이나 기분을 비닐 공에 대고 말하기

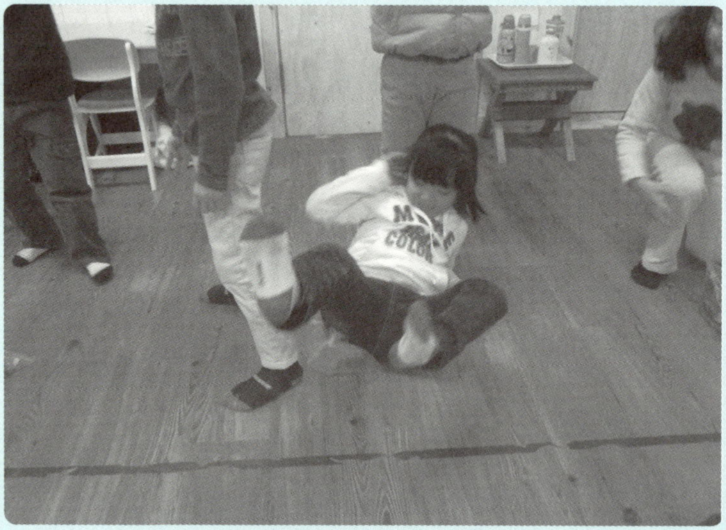

감정의 비닐 공 터트리기 1

감정의 비닐 공 터트리기 2

## 확장활동

- 어떤 기분일까?
  - 자신의 기분을 이야기하고 초콜릿으로 얼굴표정을 꾸민다(자기인식-감정 표현하기).

## 18) 색깔로 표현해 보아요

**생활주제** 나

**대상연령** 만 3~5세

**활동명** 색깔로 표현해 보아요

**활동유형**
- 이야기 나누기: 대집단
- 감각적 활동(명상, 신체활동): 대집단
- 조형 활동: 중집단

**활동목표** 영성(책임감)

- 자기통제력 계발
  - 자신의 감정을 인식하여 적절하게 표현하는 방법을 알아본다.
  - 감정을 표현하는 여러 가지 모습(얼굴)을 제시하거나 생각해 보면서, 정서적인 안정감과 마음의 평화로움을 느낀다.

**교육과정 관련 요소**

- 유치원 교육과정
  - 사회생활: 나를 알고 사랑하기-나의 감정 알고 조절하기
  - 표현생활: 예술적 표현 즐기기-조형 활동으로 표현하기

● 표준 보육과정

- 사회관계: 정서인식과 조절-자신과 다른 사람의 여러 가지 정서를 인식하고 표현하기
- 예술경험: 예술적 표현 즐기기-미술 활동 즐기기

## 활동자료

읽어 보아요

『쏘피가 화나면 정말, 정말 화나면』 그림책, 명상 음악, CD 플레이어, 물감, 전지

## 활동방법

① 그림책 『쏘피가 화나면 정말, 정말 화나면』을 본다.

● 교사가 그림책을 보여 준다.

● 『쏘피가 화나면 정말, 정말 화나면』을 읽은 후의 느낌이나 기억에 남는 장면을 이야기한다.

② 음악을 들으며 명상을 한다.

● 명상 자세로 앉아 숨을 천천히 들이마시고 잠시 멈추었다가 오므린 입술을 통해서 천천히 숨을 내보낸다(호흡조절을 하며 감정이완과 감정이입하기).

● 음악과 함께 동화 속으로 들어가 본다.

- 쏘피는 폭발할 화산 같았어요.
- 쏘피는 달립니다.
- 얼마 후에 쏘피는 바위를 바라보고, 나무도 바라보고, 고사리도 바라봅니다.
- 쏘피는 지저귀는 새소리에 귀를 기울입니다.
- 그리고 쏘피는 커다란 밤나무에 올라갑니다.
- 쏘피는 머리카락을 어루만지는 산들바람을 느낍니다.
- 쏘피는 출렁이는 바다와 파도를 바라봅니다.

- 넓은 세상은 쏘피를 위로해 줍니다.
- 쏘피는 기분이 좋아집니다.

● 그림책 속 장면을 떠올리며 어떤 생각과 느낌이 들었는지 이야기를 나눈다.

- 어떤 장면에 들어갔을 때 기분이 가장 좋았니?
- 왜 그렇게 느꼈니?
- 오늘 친구들의 기분은 어때? (마음 들여다보기)
- 나의 기분을 색깔로 표현한다면 어떤 색이 생각나니? (마음 공유하기)
- 나의 기분이 좋아지려면 어떻게 하면 좋을까? (친구들이 안아 주고 위로해 줘요.)

③ 색깔놀이

- 화가 났을 때 쏘피의 기분은 무슨 색깔이었을지 생각해 보고 물감으로 만들어 보자.
- 자연의 친구들을 만나 기분이 좋아졌을 때 어떤 색을 만나게 되었을까? 한번 섞어 보자.
- 무슨 색이 되었니? 기분이 좋아지면 ○○ 색이 될 수 있구나.

쏘피의 화난 마음을 손그림으로 표현해 보기 1

쏘피의 화난 마음을 손그림으로 표현해 보기 2

자연을 만나 기분이 좋아진 쏘피의 마음을 손그림으로 표현해 보기 1

자연을 만나 기분이 좋아진 쏘피의 마음을 손그림으로 표현해 보기 2

④ 활동한 후 느낌을 이야기 나눈다.

- 우리 친구들의 기분이 어떤 색이 되었니?
- 화가 났을 때 어떻게 하면 좋을까? (긍정적 마음 표현하기)
- 친구가 화가 났을 땐 어떻게 하면 좋을까?

- 기분이 좋아졌을 때의 색깔을 기억하며 화나는 일이 생겼을 때 기분이 좋아질 수 있도록 한다.
- 촛불의 빛(마음)을 나누어 주며 기분이 좋아지는 말을 친구에게 전한다.

촛불의 빛을 나누어 주며 기분이 좋아지는 말을 친구에게 전하기

## 확장활동

- 화가 났을 땐……. (난화 그리기)
  - 화가 났을 때나 슬플 때 마음이 어떤지에 대해 이야기를 나눈다.
  - 친구들과 함께 '화가 났을 때'의 기분이나 얼굴 표정을 난화로 그린다.
  - 난화를 보고 어떤 생각이 드는지 이야기 나눈다.
  - 유아들과 난화를 마음껏 찢는다.

# 19) 아침 해를 구하자

**생활주제** 나

**대상연령** 만 3~5세

**활동명** 아침 해를 구하자

**활동유형**
- 이야기 나누기: 대집단
- 감각적 활동(명상, 신체표현): 대집단

**활동목표** 영성(책임감)

- 정직과 약속의 수행
  - 내면의 선을 이끌어 내어 정직하게 약속을 지킬 수 있는 힘을 기른다.
  - 용기를 가지고 책임감 있는 행동을 하도록 영적 성장을 돕는다.

**교육과정 관련 요소**

- 유치원 교육과정
  - 사회생활: 나를 알고 사랑하기 – 나의 일을 스스로 하기
  - 표현생활: 예술적 표현 즐기기 – 극놀이로 표현하기

- 표준 보육과정
  - 사회관계: 자기존중 – 자신감과 독립심 기르기

- 예술경험: 예술적 표현-극놀이로 표현하기

### 활동자료

『아침 해를 구한 용감한 수탉』 그림책, 명상 음악, CD 플레이어, 부직포

읽어 보아요

### 활동방법

① 그림책 『아침 해를 구한 용감한 수탉』을 본다.

- 교사가 그림책을 보여 준다.
- 『아침 해를 구한 용감한 수탉』을 읽은 후의 느낌이나 기억에 남는 장면을 이야기한다.

② 음악을 들으며 명상을 한다.

- 명상 자세로 앉아 숨을 천천히 들이마시고 잠시 멈추었다가 오므린 입술을 통해서 천천히 숨을 내보낸다(호흡조절을 하며 감정이완과 감정이입하기).
- 음악과 함께 동화 속으로 들어가 본다.
  - 크고 잘생긴 수탉이 살았단다.
  - 새날이 시작될 때마다 수탉은 "꼬끼오!" 하고 울어서 아침 해를 깨웠지.
  - 어느 어두운 밤, 수탉이 자고 있는 헛간으로 도둑이 살금살금 기어들어 왔어.
  - 수탉은 용감하고 똑똑했어. 중략.
  - 수탉은 지금도 날마다 아침 해를 깨우고 있단다.
- 그림책 속 장면을 떠올리며 어떤 생각과 느낌이 들었는지 이야기 나눈다.
  - 어떤 장면에 들어갔을 때 가장 기분이 좋았니? 어떤 장면이 가장 기억나니?

③ '아침 해를 구하자' 극놀이를 한다.

- 부직포를 잘라 수탉의 날개와 부리를 만들어 꾸민다.

잠자고 있는 해를 몸으로 표현하기

수탉을 몸으로 표현하기

- 수탉처럼 걸어 보자. 날아가 보자.
- 도둑이 나타났어요.
- 수탉은 용감했어요.
- 도둑은 허둥지둥 들판으로 도망가고 말았어요.
- 수탉은 지금도 날마다 아침 해를 깨우고 있어요(책임감, 약속의 수행).
- 친구들, 해님을 깨웠나요? 이렇게 책임감 강하고 약속을 잘 지키는 친구(수탉)들 덕분에 해님이 잠에서 깨어났나 봐요.
- 수탉이 되어 보니 기분이 어땠나요?
- 수탉은 도둑이 무섭지 않았을까요?(책임감, 용기 등 내면의 선 만나기)
- 우리 친구들도 힘든 일이 있더라도 약속을 잘 지킬 수 있나요?(약속의 수행)

● 활동을 마무리하고 각각의 기분에 대해 이야기 나눈다.

# 20) 온몸으로 느껴요

**생활주제** 나

**대상연령** 만 3~5세

**활동명** 온몸으로 느껴요

**활동유형**
- 이야기 나누기: 대집단
- 감각적 활동(명상, 신체표현): 개별, 대집단

**활동목표** 영성(책임감)

- 정직과 약속의 수행
  - 정직하게 약속을 지킬 수 있는 내면의 힘이 자기 안에 존재함을 안다.
  - 정직하게 약속을 잘 수행했을 때의 기분을 온몸으로 표현할 수 있다.

**교육과정 관련 요소**

- 유치원 교육과정
  - 사회생활: 이웃과 더불어 생활하기 – 질서와 규칙 지키기

- 표준 보육과정
  - 기본생활: 바른 생활 – 예절 바르게 생활하기

## 활동자료

『아침 해를 구한 용감한 수탉』 그림책, 명상 음악,
CD 플레이어, 클레이, 천

읽어 보아요

## 활동방법

① 그림책 『아침 해를 구한 용감한 수탉』을 본다.

- 교사가 그림책을 보여 준다.
- 『아침 해를 구한 용감한 수탉』을 읽은 후의 느낌이나 기억에 남는 장면을 이야기한다.

② 음악을 들으며 명상을 한다.

- 명상 자세로 앉아 숨을 천천히 들이마시고 잠시 멈추었다가 오므린 입술을 통해서 천천히 숨을 내보낸다(호흡조절을 하며 감정이완과 감정이입하기).
- 음악과 함께 동화 속으로 들어가 본다.
  - 크고 잘생긴 수탉이 살았단다.
  - 새날이 시작될 때마다 수탉은 "꼬끼오!" 하고 울어서 아침 해를 깨웠지.
  - 어느 어두운 밤, 수탉이 자고 있는 헛간으로 도둑이 살금살금 기어들어 왔어.
  - 수탉은 용감하고 똑똑했어. 중략.
  - 수탉은 지금도 날마다 아침 해를 깨우고 있단다.
- 그림책 속 장면을 떠올리며 어떤 생각과 느낌이 들었는지 이야기 나눈다.
  - 어떤 장면에 들어갔을 때 가장 기분이 좋았니? 어떤 장면이 가장 기억나니?

③ 온몸으로 표현해요(정직과 약속의 중요성 인식).

- 약속을 잘 지켰을 때의 기분을 온몸으로 느끼고 표현한다.
- 정직하게 약속을 지켰을 때의 기분을 색으로 표현한다.
  - 수탉은 왜 아침 해를 구해야 했을까? 도둑이 도망가고 난 후 수탉의 기분은

어땠을까?

- 친구들도 약속을 지키기 위해 노력했던 경험이 있었나요?
- 약속을 잘 지키고 난 후 기분은 어땠나요? 어떤 색이 생각났나요?

약속을 잘 지키고 난 후 기분을 나타내는 색깔의 천 선택하여 들어가기

- 정직하게 약속을 수행했을 때는 어떤 느낌인지 알아본다(미각, 후각 등).
  - 천을 만졌을 때는 어떤 느낌이니?
  - 바닥이나 돌을 만졌을 때는 어떤 느낌이니?
  - 약속을 잘 수행했을 때는 어떤 느낌일까?

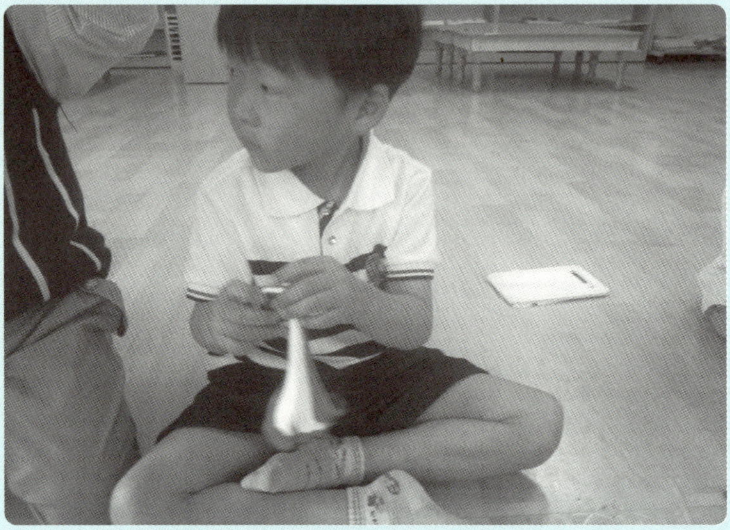

정직하게 약속을 수행했을 때의 느낌 알아보기

④ 명상 자세로 앉아 숨을 천천히 들이마시고 잠시 멈추었다가 오므린 입술을 통해서 천천히 숨을 내보낸다(호흡조절을 하며 감정이완과 감정이입하기).

- 크고 잘생긴 수탉이 살았단다.
- 새날이 시작될 때마다 수탉은 "꼬끼오!" 하고 울어서 아침 해를 깨웠지.
- 어느 어두운 밤, 수탉이 자고 있는 헛간으로 도둑이 살금살금 기어들어 왔어.
- 수탉은 용감하고 똑똑했어.
- 수탉은 지금도 날마다 아침 해를 깨우고 있단다.
- 아침 해를 바라봅니다.
- 따스하고 부드러운 느낌을 주는 밝은 햇빛이 우리에게 다가옵니다.
- 우리의 마음은 평화로워집니다.

# 참고문헌

고병헌 역(1993). 평화교육의 이론과 실천. Hicks, D.의 *Education for Peace*. 서울: 양서원.

고은이, 김양순(2008). 아동의 정서 지능과 영성지능에 관한 연구. 한국놀이치료학회지, 11(3), 69-80.

고현주(2006). 茶道프로젝트 프로그램이 유아의 정서지능 발달에 미치는 영향. 목포대학교 대학원 석사학위 청구논문.

공인숙, 한미현, 김영주(2005). 보육학개론. 서울: 교육과학사.

교과학기술부(2007). 2007년 개정 유치원 교육과정.

김영옥(2003). 유아의 친사회적 행동 평가척도 개발 연구. 한국아동학회지, 24(5), 105-118.

김영주(2011). 아동 영성 발달. 서울: 학지사.

김오순(2006). 명상활동이 유아의 자아존중감, 유치원 적응능력. 스트레스 및 공격성에 미치는 영향. 원광대학교 교육대학원 박사학위 청구논문.

김정신(2001). 영성지향 유아교육과정의 개발. 경북대학교 대학원 박사학위청구논문.

김정신(2004). 영성지향 유아교육의 목적 설정을 위한 연구. 유아교육연구, 24(2), 107-133.

김현재(1998). 홀리스틱 교육에서 명상의 접근 방안. 홀리스틱교육연구, 2(1), 27-48.

박경애(2009). 한국 아동들과 함께하는 영성교육. 이화여자대학교 대학원 석사학위 청구논문.

박미정, 송연숙, 김영주(2010). 유아교육기관에서의 그림책을 활용한 명상프로그램이 유아의 자기조절력과 공격성에 미치는 영향. 한국아동교육학회지, 19(4), 149-162.

손은혜, 김영주, 송연숙(2010). 감각적 영성활동이 유아의 자기효능감에 미치는 효과. 한국보육지원학회지, 6(2), 117-133.

안화자(2007). 생태체험활동에 따른 유아의 생명존중 인식과 친사회적 행동에 관한 연구. 진주산업대학교 벤처창업대학원 석사학위 청구논문.

양은희(2010). 품성계발 프로그램이 유아의 친사회적 행동에 미치는 영향. 국민대학교 교육대학원 석사학위 청구논문.

여성가족부(2007). 보육프로그램 총론.

오인탁(2001). 세계화와 교육. 敎會와 神學, 47, 12-21.

유상덕(2006). 영성의 보고로부터 배우는 근대교육의 성찰. 한국생태유아교육학회, 5(2), 91-114.

유선희(2010). 어린이 영성교육을 위한 연구. 장로회신학대학교 박사학위 청구논문.

윤영희(2006). 아함경을 근거한 명상 프로그램의 유아 교육적 가치. 동국대학교 석사학위 청구논문.

이숙종(2001). 인간교육에서 영성교육의 중요성. 한국기독교학회, 21, 285-312.

이은경, 윤현숙, 이정의, 윤지영, 장은진, 김은숙(2010). 몸-마음-영성 프로그램. 서울: 소화.

임재택, 임숙희, 최미현, 김정신, 조희주, 최애경(2003). 선생님! 우리도 명상할 수 있어요. 서울: 양서원.

정영혜, 이미령(2000). 엄마! 혼자서 할 수 있도록 도와주세요. 부산: 효민출판사.

조성자 역(2000). 어린이들에게 영성은 존재하는가. Aline D. Wolf의 *Nurturing the Spirit: in non-sectarian*. 서울: 창지사.

조연숙(2007). 영성교육프로그램이 초등학생의 봉사심 함양에 미치는 영향. 가톨릭 대학교 교육대학원 석사학위 청구논문.

최효순(2004). 불교명상이 아동 행동에 미치는 효과: 아동의 친사회적 행동을 중심으로. 이화여자대학교 사회복지대학원 석사학위논문.

한혜숙(1996). 아동의 평화교육 프로그램 내용을 위한 기초연구. 유아교육연구, 2, 91-114.

허영주(2010). 교사의 영적 성숙을 위한 교사교육과정의 변화 방향 탐색. 한국교육과정학회, 28(1), 261-290.

Byers, P. (1992). The spiritual in the classroom. *Holistic Education Review*, *5*(1), 6-11.

Canda, E. R. (1988). Conceptualizing spirituality for social work: Insight from diverse perspective. *Social Thought*, *14*(1), 30-46.

Caroll, M. M. (1998). *Spirituality and social work. Conceptual model of spirituality*. Washington, D. C.: Taylor & Francis.

Cully, I. V. (1984). *Education for spiritual growth*. San Francisco: Harper & Row.

Daleo, M. (1996). *Curriculum of love: Cultivating the spiritual nature of children*. Charlottesville, VA: Grace Publishing& Communications.

Dene, K. (2000). http://siksik.learnnet.nt.ca/Denekede/

Elkind, D. (1992). Spirituality in education. *Holistic Education Review*, *5*(1), 12-16.

Grainger, R. (2003). *Group spirituality*. Hove, East Sussex, New York: Brunner-Routledge.

Groome, T. (1998). *Education for life*. Texas: Thomas More An RCL Company.

Hardy, A. C. (1979). *The spiritual nature of man*. Oxford: Clarendon Press.

Kessler, R. (2000). *The soul of education*. VA: ASCD.

Lawson, E. L. (1996). *Victory in Jesus*. Cincinnati, Ohio: Standard Pub.

Neville(1989). *School management and pupil behaviour*. London: Falmer Press.

Nye, R., & Hay, D. (2006). *The spirit of the child*. London, UK: Jessica Kingsley Publisher.

Research of the Baha'i Writings(1998). *Foundation for a spiritual education*. London: National spiritual assembly of the Baha' is of the Unite States.

Rice, J. (1995). *The kindness curriculum*. MN: Redleaf Press.

Steiner, R. (1972). *A modern art of education*. London: Rudolf Steiner Press.

Steiner, R. (1996). *The education of the child and early lectures on education*. Hudson, N.Y.: Anthroposophic Press.

Tillman, D., & Hsu, D. (2000). *Living values activities for children age 3-7*. Florida: Health Communication Inc.

Vaillant, G. E. (2008). *Spiritual evolution*. New York: Broadway Books.

White, H. C. (1962). *The metaphysical poets*. New York: Collier.

Wolf, A. D. (1996). *Nurturing the spirit in non-sectarian classrooms*. Hollidaysburg, PA: Parent Child Press.

# 저자 소개

## 김영주

- 서울대학교 가정대학 가정관리학과(학사)
- 서울대학교 대학원 소비자아동학과(석사)
- 서울대학교 대학원 소비자아동학과(박사)
- 현 울산대학교 아동가정복지학과 교수

### 저서 및 논문

『창의적인 아이로 키우는 전래동화 새롭게 읽기』(대교출판, 2010)
『아동문학』(공저, 양서원, 2009)
『보육학개론』(공저, 교육과학사, 2007)
「감각적 영성활동이 유아의 자기 효능감에 미치는 효과」(공저, 한국보육지원학회, 2010)
「그림책을 활용한 명상활동이 유아의 자기 조절력에 미치는 효과」(공저, 한국열린유아교육학회, 2009)
「그림책을 활용한 용서교육프로그램이 유아의 공격성에 미치는 효과」(공저, 한국보육지원학회, 2008)

### 수상

'불교 아동문학 신인상' 수상(2010)

## 김민서

- 울산대학교 교육대학원 유아교육전공(석사)
- 현 울산대학교 아동가정복지전공 외래강사

### 논문

「그림책을 활용한 영성지향 평화 프로그램이 유아의 친사회적 행동과 자기조절력에 미치는 효과」(울산대학교 교육대학원 석사학위논문, 2011)

# 유아를 위한 영성지향 평화교육 활동

2012년 5월 25일 1판 1쇄 인쇄
2012년 5월 30일 1판 1쇄 발행

지은이 • 김영주 · 김민서
펴낸이 • 김진환
펴낸곳 • (주) 학지사
121-837 서울특별시 마포구 서교동 352-29 마인드월드빌딩 5층
대표전화 • 02)330-5114 팩스 • 02)324-2345
등록번호 • 제313-2006-000265호

홈페이지 • http://www.hakjisa.co.kr
커뮤니티 • http://cafe.naver.com/hakjisa

ISBN 978-89-6330-799-2 93370

정가 14,000원